Tucholsky Wagner Zola Scott Sydow Freud Schlegel
Turgenev Fonatne
Twain Wallace Walther von der Vogelweide Fouqué Friedrich II. von Preußen
Weber Freiligrath Frey
Fechner Fichte Weiße Rose von Fallersleben Kant Ernst Frommel
Richthofen
Hölderlin
Engels Fielding Eichendorff Tacitus Dumas
Fehrs Faber Flaubert
Eliasberg Ebner Eschenbach
Feuerbach Maximilian I. von Habsburg Fock Eliot Zweig
Ewald Vergil
Goethe London
Elisabeth von Österreich
Mendelssohn Balzac Shakespeare Dostojewski Ganghofer
Lichtenberg Rathenau Doyle Gjellerup
Trackl Stevenson Hambruch
Mommsen Tolstoi Lenz Hanrieder Droste-Hülshoff
Thoma Hägele
Dach Verne von Arnim Hauff Humboldt
Reuter Rousseau Hagen Hauptmann Gautier
Karrillon Garschin
Defoe Baudelaire
Damaschke Descartes Hebbel
Hegel Kussmaul Herder
Wolfram von Eschenbach Dickens Schopenhauer Rilke George
Darwin Melville Grimm Jerome
Bronner Bebel Proust
Campe Horváth Aristoteles Federer
Bismarck Vigny Barlach Voltaire Herodot
Gengenbach Heine
Storm Casanova Tersteegen Gilm Grillparzer Georgy
Chamberlain Lessing Langbein Gryphius
Brentano Lafontaine
Claudius Schiller Kralik Iffland Sokrates
Strachwitz Schilling
Katharina II. von Rußland Bellamy
Gerstäcker Raabe Gibbon Tschechow
Löns Hesse Hoffmann Gogol Wilde Vulpius
Gleim
Luther Heym Hofmannsthal Morgenstern
Klee Hölty Goedicke
Roth Heyse Klopstock Kleist
Luxemburg Puschkin Homer Mörike Musil
La Roche Horaz
Machiavelli Kierkegaard Kraft Kraus
Navarra Aurel Musset Lamprecht Kind Hugo Moltke
Nestroy Marie de France Kirchhoff
Laotse Ipsen Liebknecht
Nietzsche Nansen
Marx Lassalle Gorki Klett Ringelnatz
von Ossietzky Leibniz
May vom Stein Lawrence Irving
Petalozzi Knigge
Platon Pückler Michelangelo Kafka
Sachs Poe Kock
Liebermann Korolenko
de Sade Praetorius Mistral Zetkin

Der Verlag tredition aus Hamburg veröffentlicht in der Reihe **TREDITION CLASSICS** Werke aus mehr als zwei Jahrtausenden. Diese waren zu einem Großteil vergriffen oder nur noch antiquarisch erhältlich.

Symbolfigur für **TREDITION CLASSICS** ist Johannes Gutenberg (1400 — 1468), der Erfinder des Buchdrucks mit Metalllettern und der Druckerpresse.

Mit der Buchreihe **TREDITION CLASSICS** verfolgt tredition das Ziel, tausende Klassiker der Weltliteratur verschiedener Sprachen wieder als gedruckte Bücher aufzulegen – und das weltweit!

Die Buchreihe dient zur Bewahrung der Literatur und Förderung der Kultur. Sie trägt so dazu bei, dass viele tausend Werke nicht in Vergessenheit geraten.

Horand und Hilde

Rudolf Baumbach

Impressum

Autor: Rudolf Baumbach
Umschlagkonzept: toepferschumann, Berlin

Verlag: tredition GmbH, Hamburg
ISBN: 978-3-8424-6786-6
Printed in Germany

I.

Das wundersame Schiff

Nun wollet mit mir lauschen
Uraltem Heldensang.
Bald hört ihr Wellen rauschen,
Bald süssen Saitenklang,
Bald hört ihr Becher klirren
Im weiten Königssaal,
Bald scharfe Klingen schwirren
Von felsenhartem Stahl.

Es zog am Himmelsbogen
Empor das Sonnenross,
Und auf des Nordmeers Wogen
Ein rother Schein sich goss;
Der Frühwind kam, der scharfe,
Der leis die See bewegt,
Wie wenn die goldne Harfe
Ein Sänger prüfend schlägt.

Bald schmückte jede Welle
Ein Krönlein silberklar,
Es stieg zur Tageshelle
Herauf der Fische Schaar,
Es regte das Gefieder
Der Ufervögel Brut,
Die Möven stiessen nieder
Und tauchten in die Fluth.

Ein Kranz von dunklen Klippen
Sich aus dem Wasser hob,
Und um der Felsen Rippen
Sich grüner Meertang wob.
Dort lagen an dem Strande
Der plumpen Robben viel,
Die trieben in dem Sande
Ihr ungefüges Spiel.

Jetzt hoben die geschreckten
Sich halben Leibs empor,
Den kurzen Hals sie reckten
Und wandten scheu das Ohr.
Dann stürzten sie kopfüber
In's Wasser sich vom Riff,
Und rauschend zog vorüber
In voller Fahrt ein Schiff.

Sein Rumpf glich einem Drachen,
Der auf dem Wasser schwamm,
Das Haupt mit offnem Rachen
Trug einen goldnen Kamm,
Es warfen rothe Blitze
Die Schuppen vorn am Bug,
Und eine goldne Spitze
Des Schweifes Ende trug.

Noch möcht ihr hören sagen
Der Wunderdinge viel:
Mit Silber war beschlagen
Des Schiffes krummer Kiel,
Lichtblau war seine Flanke,
Umwallt vom weissen Schaum;
Der Mast, der hohe, schlanke
War ein Cypressenbaum.

Ein Segel hing von oben,
Das glänzte wie der Schnee,
Aus Seide war's gewoben

Im fernen Arabe.
Gleich einer rothen Zunge
Ein Zeichen flog am Mast,
Drein war ein Leu im Sprunge
Gestickt mit Goldesglast.

Es spann von Purpurtauen
Ein Netz sich über's Schiff,
Von Silber war zu schauen
Des Steuerruders Griff,
An Silberketten hingen
Die Silberanker schwer;
Es war ein lustig Klingen
Von Silber rings umher.

Ein Riese stand am Steuer,
Aus Fellen war sein Kleid,
Sein Auge sprühte Feuer,
Sein Bart war ellenbreit.
Sein Haar mit Greisenfarbe
Gesprenkelt war's genug,
Und manche rothe Narbe
Sein grimmes Antlitz trug.

Viel wetterbraune Recken,
Wohl fünfzig an der Zahl,
Gestreckt auf Wollendecken
Erlabten sich am Mahl.
Aus Silberschüsseln speisten
Sie Fleisch und Speck vom Schwein,
Und Auerhörner kreisten
Mit Meth gefüllt und Wein.

Wie unter'm Mövenvolke
Ein Schwanenvogel schwebt,
Wie aus der grauen Wolke
Der lichte Mond sich hebt,
So sah man einen gehen
Den andern Degen vor,

Wie Balder schön zu sehen
Und stark wie Asathor.

Er stand im Scharlachkleide
Geschmückt mit Kett' und Ring,
Sein Schwert in goldner Scheide
Am breiten Gürtel hing;
Von dunklen Otterfellen
Des Helden Kappe war,
Darunter quoll in Wellen
Hervor das lichte Haar.

Das Horn mit weitem Runde
Von Silberreifen schwer,
Er hob's empor zum Munde
Und trank es langsam leer.
Dann durch die Harfe leise
Glitt seiner Finger Lauf;
Da ward es still im Kreise,
Und Alle horchten auf.

Die Harfe stärker rauschte,
Zu singen fing er an;
In blauer Tiefe lauschte
Die lilienweisse Ran,
Es ward herbeigezogen
Der Wellenmaide Schaar,
Und Oegir aus den Wogen
Hob sein bekränztes Haar.

Es sass auf Segelstangen
Der Vögel lauschend Heer,
Die Silberfische sprangen
Wie Funken über's Meer.
Aufhorchend strich der schnelle
Delphin das Schiff entlang,
Es schwieg der Hall der Welle,
Der Recke aber sang:

Verzaubert ruht
Auf goldnem Schild
Umwallt von Gluth
Im Schlaf Brunhild.
 Es ist geschehen
Nach Wodens Gebot:
Die Jahre vergehen.
Das Feuer loht.

Sigfrid, der wilde
Durchs Feuer springt
Und um Brunhilde
Die Arme schlingt.
Nach langer Nacht
Spätmorgenroth! –
Brunhild erwacht,
Das Feuer loht.

Der junge Degen
Wird liebeswund.
Ihm blüht entgegen
Der Jungfrau Mund,
Es zwingt sie zusammen
Der Minne Noth;
Die Wangen flammen,
Das Feuer loht.

Die Liebe stirbt,
Das Leid beginnt.
Held Sigfrid wirbt
Frau Utens Kind.
 O wache, wache!
Verderben droht
Brunhildens Rache.
Das Feuer loht.

Erschlagen liegt
Siglindens Sohn.
Sein Geist entfliegt

Zu Wodens Thron.
Brunhild verhaucht
Im Flammentod. –
Der Holzstoss raucht,
Das Feuer loht.

Die Töne leis verklangen,
Da riefen rings umher
Die Männer voll Verlangen;
»Held Horand, sing' uns mehr!«
Und durch die Saiten wieder
Glitt sacht des Sängers Hand,
Da rief's vom Mastkorb nieder
Mit geller Stimme: »Land!«

Aufsprangen alle Recken,
Und Horands Harfe schwieg.
Im Nord aus Nebeldecken
Ein Schneegebirge stieg.
Das Steuer liess der Alte,
Am Bugspriet stand er vorn,
Und seine Stimme hallte
Stark wie ein Büffelhorn:

»Nun weichet ohne Säumen
Ihr Helden allzumal
Und waffnet in den Räumen
Die Glieder euch mit Stahl
Und sorget, dass vom Strande
Kein Wächter euch erspäht
Und dass vom Stahlgewande
Kein Klirren euch verräth.«

Da bargen sich die Degen
Nach ihres Herrn Gebot
Wie Tauchervögel pflegen,
Wenn sie ein Aar bedroht.
Vom Maste musste weichen
Der Leu zum Sprung gereckt;
Ein weisses Friedenszeichen
Ward droben aufgesteckt.

Die Ruderknechte refften
Das Segeltuch geschwind;
Das Schiff mit halben Kräften
Ging langsam vor dem Wind.
Es hielt der graue Streiter
Des Steuerruders Griff
Und lenkte sicher weiter
Das wundersame Schiff.

II.

König Hagen

Aus des Nordmeers Fluthen steigt ein Land,
Reich an Buchten ist der flache Strand.
Fischerhütten am Gestade liegen,
Boot und Kahn am Ankerseil sich wiegen,
Drachen auch mit hohen Föhrenmasten
Auf dem Sand wie müde Robben rasten.
Hügel folgen auf die nackte Düne
Ueberwachsen von lebend'gem Grüne.

Bei der Birke mit der lichten Rinde
Steht der Eichbaum und die breite Linde,
Und das Gerstenfeld im gelben Kleide
Mit der Wiese wechselt und der Weide.
Lieblich schallt's von Heerdenglockenklängen,
Weisse Schafe grasen an den Hängen,
Rinder auch und eine Zucht von Rossen,
Silberweiss, aus Sleipners Blut entsprossen.

Aus den Hügeln werden Berge bald,
Und Gehölz und Weide weicht dem Wald.
Elke schreiten durch das Dickicht stolz,
Und der Bär zieht langsam durch das Holz.
Borst'ge Eber hegt das schwarze Moor,
Hungrig schleicht der Grauhund durch das Rohr,
Und der Adler aus dem Felsenhorst
Schwebt in Kreisen über Berg und Forst.

Hundert Quellen aus den Felsen brechen,
Und die Quellen sammeln sich zu Bächen.
Lustig springen sie von Stein zu Stein,
Fallen plätschernd in den Bergsee ein,
Und dem See entströmt ein Silberband,
Rauschend wallt es durch das grüne Land,
Und auf viel gewund'nen Schlangenwegen
Zieht der Fluss dem blauen Meer entgegen.

Kurz bevor ihn nimmt die Salzfluth auf,
Hemmt ein hoher Hügel seinen Lauf,
Und der Strom zur Gabelung gezwungen
Hält von allen Seiten ihn umschlungen.
Thürme trägt der Hügel und Paläste
Und ein Steinwall rings umhegt die Veste,
Aufgebaut aus Blöcken roh behauen.
Wie ein Riesenbollwerk anzuschauen.

Baljan ist die stolze Burg genannt,
Und ihr Ruhm erklingt in's fernste Land.
Aus der Mitte ragt das thurmumstarrte
Königsschloss, des Landes hohe Warte,
Drein im Purpurkleid auf goldnem Thron
Richtet König Hagen, Sigbands Sohn.

Keiner in des Nordlands weiten Reichen
Ist an Macht Herrn Hagen zu vergleichen,
Zwanzig Fürsten, stolz und hochgemuth
Dienen ihm und zahlen ihm Tribut.
Zieht der Held zu Feld mit reis'ger Wehr,
Fliegt der bleiche Schrecken vor ihm her,
Leichenhügel zeichnen seine Spuren,
Trümmerhaufen und zerstampfte Fluren.
Bis zum fernsten Nord, wo dunkelroth
Mitternachts die Sonn' am Himmel loht,
Wo das Riesenvolk im Eisland haust,
Geht der Ruf von seiner blut'gen Faust,
Und die Kinder fangen an zu zagen,
Hören sie den Schreckensnamen Hagen.

Milde kennt das Herz des Königs nicht,
Furchtbar trifft den Schuld'gen das Gericht.
Weh dem Edlen, der im Uebermuth
Einem Bauern schädigt Hab und Gut
Unerbittlich fasst ihn Hagens Hand,
Und sein Haupt rollt blutig in den Sand.
Aber sorglos durch die Marken weit
Zieht der Krämer in des Herrn Geleit,
Sorglos legt er sich im Walde nieder,
Und wer Geld verliert, der findet's wieder.

König Hagen sass beim reichen Mahl
Auf dem Hochsitz in dem weiten Saal.
Um ihn her auf weichen Bärendecken
Sassen schmaussend hundert bärt'ge Recken.
An der rauchgebräunten Föhrenwand
Glänzte mancher Schild mit blauem Rand,
Von des Elkgeweih's gezackter Sprosse
Hingen Schwerter, Bogen und Geschosse,
Und dazwischen sah man allwärts ragen
Kupferleuchter um den Kien zu tragen.

Mit den Schüsseln und den Humpen schwer
Liefen Schenk und Truchsess hin und her,
Setzten Eierkeulen auf die Tische,
Fleisch vom Hirschen und gewürzte Fische,
Süsse Aepfel auch mit gelber Schale,
Wie Idun sie reicht beim Asenmahle.
In die Hörner füllten Meth sie ein,
In die Silberbecher wälschen Wein.
Mancher Tropfen auf den Estrich rann,
Und mit schwerem Haupt sass mancher Mann.

Trotzig lachend liess nach allen Seiten
König Hagen seine Blicke gleiten.

Nächst dem Kampf, wo Schwert auf Helm erkracht,
War am liebsten ihm die Becherschlacht.
Breit von Schultern war er anzuschauen,
Schwarz von Haar und Bart und Augenbrauen,
Auf dem Koller er die Schuppen trug
Eines Gabiluns, den er erschlug. –
Damals war der König noch ein Kind,
Aber anders, als sonst Knaben sind.
Da er trank des Ungeheuers Blut,
Ward ihm wunderbar erhöht der Muth,
Ward an Klugheit er und Listen reich
Und an Kraft drei starken Männern gleich.

Hellauf rief der königliche Zecher:
»Heda Schenken, bringt den Bragibecher!
Auf ihr Degen, eh' ihr weinschwer sinkt,
Noch des Abschieds Minne mit mir trinkt'«
Und ein Kleinod ward herein getragen,
Silberschwer mit rothem Gold beschlagen;
Ein gebauchtes Meerschiff stellt' es dar
Und gefüllt mit rothem Wein es war.
Hagen trank und hob die Hand empor:
»Hör mich Woden, hör' mich Asathor!
Mit dem König Hettel will ich ringen,
Der im Volke herrscht der Hegelingen.
Nehmen will er sich, so hört' ich sagen,
Was ich seinen Boten abgeschlagen.
Aber für die Drohung soll er büssen;
Will in seinem eignen Land ihn grüssen
Und der bleichen Hel ein Opfer weih'n,
Wenn die Götter mir den Sieg verleih'n.«

Hagen rief's. Da jauchzten wild die Streiter.
Und der König gab das Kleinod weiter.
Wandelnd ging der Becher in der Runde
Immer frisch gefüllt von Mund zu Munde.
Jeder Trinker rief die Asen an,
Und beim Trunk ward mancher Schwur gethan.

Da erhob sich von der Bank ein Greis,
Kahl der Scheitel und der Bart wie Eis.
Weite Falten ihm der Mantel schlug,
Und am Band er eine Harfe trug.
Geisel war er einst in's Land gekommen,
Und das Augenlicht war ihm genommen.
Als ihn trieb zur Heimat das Verlangen,
Ward er flüchtig und ward eingefangen
Und zur Strafe liess von Henkershänden
Ihn der grimme König Hagen blenden.
Vor den Thüren nun um Trank und Speiser
Sang der Alte seine Liederweisen,
Auch zur Kurzweil in den Königssaal
Hagen oft den blinden Greis befahl,
Denn der Recken viel in seinen Landen,
Doch der Sänger wenig nur sich fanden.

Jetzt nun liess der Alte durch die Saiten
Prüfend seine hagren Finger gleiten,
Und in dumpfem Ton zum Harfenschlage
Scholl aus seinem Mund die Svafa-Sage:

Held Helge zog in den wilden Krieg,
Sein Helmbusch wallte, sein Rothross stieg;
So führt' er die Männer zum Streite.
Jung Hedinn, sein Bruder, im Kleid von Stahl,
Die Augen irrend, die Wangen fahl,
Ritt schweigend an seiner Seite.

»Mein Bruder, was ist dein Gesicht so bleich,
Als hätt'st du geschlafen im Todtenreich,
In Helas schaurigen Marken?
Es blickt so scheu dein Aug umher,
Es schwankt und zittert der Eschenspeer
In deiner Rechten, der starken.«

»O Helge!« schrie jung Hedinn laut,
»Beim Becher schwur ich, deine Braut,
Schön Svafa zu gewinnen.

Ich schwur's im Rausch, doch Eid bleibt Eid,
Am Herzen nagt mir grimmes Leid,
Dem kann ich nicht entrinnen.«

Sie ritten stumm in die Männerschlacht,
Sie brachen des Feindes Uebermacht,
Sie würgten wie Wölfe, wilde;
Und als sich neigte der blutige Tag,
Mit klaffender Stirne Helge lag
Leis röchelnd auf seinem Schilde.

Schön Svafa kniete auf rothem Grund,
Ihr Aug war trocken und stumm ihr Mund,
Bleich stand jung Hedinn daneben.
Des Wunden Athem ging tief und schwer:
»Schön Svafa, mein Bruder liebt dich so sehr;
Ihm sollst du zu eigen dich geben.«

Sie küsste des Sterbenden Angesicht.
»Dein Tod zerbricht den Eidschwur nicht;
Kein Andrer soll mich werben.
Gehst du zur Halle Wodens ein,
Nicht ziehen lass' ich dich allein,
Ich folge dir nach im Sterben.«

Schön Svafa zuckte den scharfen Stahl,
Im Bogen sprang ein rother Strahl,
Durchstochen sank sie zu Boden.
Walküren trugen auf weissem Arm
Das Paar, befreit von allem Harm,
Zum Saal des grossen Woden.

Leiser rauschten jetzt die Harfenklänge,
Da entstand am Flügelthor Gedränge.
Mit dem weissen Stab in seiner Rechten

Trat der Strandvogt ein mit seinen Knechten,
Und inmitten der bewehrten Schaar
Schritt mit leichtem Gang ein Knabenpaar.
Nach den Kleidern waren's Schiffer fremd,
Trugen Waffen nicht noch Kettenhemd,
Aber eine Truhe, gross und schwer,
Schleppten sie zu Hagens Hochsitz her.

Und der Vogt alsbald das Wort ergriff:
»Herr, im Hafen liegt ein seltsam Schiff,
Blinkt und gleisst von köstlichem Metall,
Und von Seide sind die Segel all,
Birgt im weiten Raum viel edles Gut,
Und die Herren sind gar hochgemuth,
Greis der eine, Jüngling noch der zweite,
Heischen Königsfrieden und Geleite.«

So der Vogt. – Es nickte König Hagen,
Und die Fremden hub er an zu fragen:
»Sprecht, wer seid ihr und aus welchem Land,
Und was führt euch her an meinen Strand?
Seid ihr Recken oder Handelsleute?
Bringt ihr Waaren oder sucht ihr Beute?«

Und der Fremden einer sprach geschwind:
»Reiche Krämer unsre Herren sind.
Wate, Horand werden sie genannt,
Und gen Mittag liegt ihr Mutterland.
Sieh, o König, gnädig auf die Spenden,
Die sie, deinen Frieden heischend, senden."

So der Bote, und mit flinker Hand
Flocht er auf der Truhe Riemenband.
In der Höhlung funkelte Geschmeide,
Reich wie Fafners Hort auf Gnitahaide,
Ketten, Gürtel, reich mit Gold beschlagen,
Ringe, Spangen auch am Arm zu tragen,
Halsgeschmeide für die Königin,
Seide, Sigelat und Baldekin.

Gnädig sah der König auf die Gaben,
Gnädig sprach er zu den Botenknaben:
»Meldet euren Herren unverweilt,
Frei Geleit ist ihnen zugetheilt.
Heisst sie an den Strand die Waaren tragen,
Dank und Willkomm will ich selber sagen.«
Und zum Strandvogt sprach er: »Sorgt auf's beste
Für das Wohl der fremden, reichen Gäste.
Büssen mit dem Halse soll's der Wicht,
Welcher frech des Königs Frieden bricht!«

III.

Wie Wate und Horand feil hielten

Gleich Aemsen, die den Bau verlassen
Und schwärmend ziehen durch den Sand,
So strömt das Volk aus Baljans Gassen
In schwarzen Zügen nach dem Strand,
Voraus der Knaben Schaar mit weiten
Hirschsprüngen über Stock und Stein,
Die Edeln und die Bürger schreiten
Bedächtig wandelnd hinterdrein.
Das Wunderschiff im blauen Sunde
Liegt fest verankert und vertaut,
Und auf der Düne sand'gem Grunde
Ist ein geräumig Zelt gebaut.

Ein Waarentisch ist aufgeschlagen
So wie es bei den Krämern Brauch,
Und immer neue Güter tragen
Die Knechte aus des Schiffes Bauch.
Mit Ernst und Würde vor dem Gaden
Der alte, bärt'ge Wate steht,
Jung Horand aber in dem Laden
Sich flink nach allen Seiten dreht.
Und um den Tisch ein bunt Gedränge
Von Alt und Jung, von Gross und Klein;
Jetzt neigt sich Horand vor der Menge
Und schmettert in die Luft hinein:

Männer und Frauen werth
Kommet zu Hauf!

Was euer Herz begehrt,
Stell' ich zu Kauf:
Waffen von Zwergenhand,
Stählernes Kleid,
Blinkendes Allerhand,
Köstlich Geschmeid,
Helme wie Felsen hart,
Ketten gegliedert,
Spangen von jeder Art,
Pfeile befiedert,
 Schwerter, rothblinkende
Wort unleserlichiche Waffen –
Weland, der hinkende,
Hat sie geschaffen –
Rundschilde silberhell,
Stählerne Bogen,
Köcher mit Pardelfell
Schön überzogen,
Heerhorn und Jägerhorn,
Leuchtend von Gold,
Goldsporn und Silbersporn,
Wie ihr es wollt,
Halsbergen wunderbar,
Fest und geschmeidig,
Brünnen von Silber klar,
Speereisen schneidig,
Sättel und Pferdgeräth,
Seidene Zäume,
Decken mit Gold genäht,
Purpurn die Säume,
Becher gebaucht, geschweift,
Kessel für Meth,
Trinkhörner goldumreift –
Sehet, o seht!

Tretet heran geschwind
Frauen und Maide!
 Prüfet das Kopfgebind

Und das Geschmeide!
Gürtel und Fingerlein
Biet' ich zu Kauf,
Perlen und Edelstein,
Haufe bei Hauf,
Jaspis und Chrysopras,
Rothe Karfunkel,
Adamant und Topas
Leuchtend im Dunkel.
Kämme von Elfenbein,
Goldene Spindeln,
Aepfel mit Bisam drein,
Nadeln und Zindeln.
Ach, und die Kleiderpracht!
An allen Nähten
Goldener Flitter lacht
An goldnen Drähten;
Sigelat aus Byzanz,
Ferransgewänder,
Saben von Silberglanz,
Borten und Bänder,
Häute vom Hermelin,
Weiss wie der Schnee,
Seidenstoff, Baldekin
Aus Ninive.

Wie aus dem Felsen springt die Quelle,
Von Horands Munde sprudelnd geht's.
Verwundert hört's sein Schiffsgeselle
Und lacht und denkt sich: Der versteht's.

Die Menge hört es mit Ergetzen
Und prüft und wägt bereits im Geist,

Bald ruht das Auge auf den Schätzen
Und bald auf jenem, der sie preist.
Die Maide drehen nach dem Sänger
Die Köpfe mit dem gelben Haar.
So lockt ein kluger Vogelfänger
Im Wald der bunten Vöglein Schaar.

Da tritt, geschmückt mit reichem Kleide,
Der Strandvogt würdevoll in's Zelt
Und wählt sich aus dem Goldgeschmeide
Das Kleinod, das ihm just gefällt.
Ein Armring ist's, ein schöngereifter.
Es prüft der Käufer das Gewicht
Und langsam nach dem Beutel greift er,
Herr Horand aber lächelnd spricht:
»Dein Geld, o Herr, wir können's missen;
Die Spange nimm als Gastgeschenk,«
Und schiebt dem Vogt sie dienstbeflissen
Rasch über's linke Handgelenk.

Dann nimmt Herr Wate eine Spange,
Die hell von Edelsteinen gleisst, –
Ihr Muster war die Midgardschlange,
Die ringelnd in den Schweif sich beisst –
Und spricht: »Auch diese musst du nehmen,«
Und bietet sie dem Strandvogt dar,
»Der andre Arm sich müsste schämen,
Wenn er der Zierde wäre bar;
An deinem rechten soll sie blinken,
Mehr als der linke ist er werth;
Den Schild nur trägst du an dem linken,
Allein der rechte führt das Schwert.«
Des Alten Worte lieblich klingen,
Der Vogt den Säckel voll behält
Und scheidet mit den goldnen Ringen
Vergnüglich aus dem Krämerzelt.

Nun dringt, gelockt durch solche Spende
Die Volksschaar auf die Fremden ein,

Und hätte Horand hundert Hände,
Es würde keine müssig sein.
In frühern und in spätern Tagen
So guten Markt noch niemand sah;
Zum ersten Angebote sagen
Die Kaufherrn immer lächelnd ja.
Es ging an Gut in einer Stunde
Für siebentausend Marken fort,
Allein der Schatz in Schiffes Grunde
War reich wie König Niblungs Hort.

Jetzt aber nahte sich zu Pferde
Der König mit der Seinen Schaar.
In reichen Wellen floss zur Erde
Der edlen Rosse Mähnenhaar.
Es sprangen von den Satteldecken
Die Herren nieder auf den Sand,
Und eilig schritt mit seinen Recken
Der König nach dem Krämerstand.
Da neigten sich in ihrem Laden
Herr Horand und Herr Wate tief,
Der König aber voller Gnaden
Von weitem schon Willkommen rief.
»Habt Dank für alles, was die Boten
Mir brachten in den Königssaal,
Doch wisset, über'm Gold, dem rothen.
Steht hiezuland der blaue Stahl.
Der Steine Pracht im Goldschmuck preisen
Als höchstes Gut die schönen Frau'n;
Der Männer bester Schmuck ist Eisen.
Lasst Helme mich und Schwerter schau'n!«

Der Alte nickt. »Auch uns ist werther
Die Klinge, denn ihr goldner Griff,
Und Brünnen, Helme, Schilder, Schwerter
Bringt dir im Ueberfluss mein Schiff.
Der Waffen beste, die wir haben,
Herr König, soll dein Auge schauen.

Nicht mocht' ich meinen Botenknaben
Das seltne Kleinod anvertrauen.«

Er spricht's und reicht dem König Hagen
Ein breites Schwert mit lichtem Knauf,
Die Scheide ist mit Gold beschlagen,
Und Edelsteine funkeln drauf.
Des Königs Rechte zieht die Klinge,
Und wie von Surturs Flammenschwert
Am letzten Tag der Erdendinge
Ein Blitzstrahl durch den Zeltraum fährt.
Herr Wate aber spricht zu Hagen:
»Das Schwert, es schneidet Stahl und Stein;
Held Wolfhart hat es einst getragen,
Und wenn du willst, so ist es dein.
Schmied Weland, den die Sänger preisen,
Geschaffen hat's mit eigner Hand,
Gehämmert ist's aus kaltem Eisen,
Und Nagelring ist's zubenannt.«
Drauf lässt er auf die Schneide gleiten
Ein Flöckchen Wolle aus der Hand,
Und sieh, es fällt zu beiden Seiten
Des Schwerts zerschnitten auf den Sand.

Ein Ruf des Staunens wird im Ringe
Der kampfesfrohen Männer laut,
Herr Hagen aber auf die Klinge
Mit freudetrunknem Auge schaut.
Er hebt das Schwert zu kräft'gem Schwunge
Und wirbelt's um das Haupt geschwind;
Es leuchtet wie des Feuers Zunge
Und pfeift wie scharfer Nordsturmwind.
Dann birgt er wieder in der Scheide
Den lichten Stahl und hält ihn fest,
Wie wenn die süsse Augenweide
Der Jüngling in die Arme presst,
Er dankt und spricht: »Solch edle Gäste,
Die wollen gut empfangen sein.

Stellt morgen euch in meiner Veste
Zu frohem Schmaus und Wetttrunk ein!«

Er spricht's und winkt. Da führt am Zügel
Das Pferd ein Knabe vor das Zelt,
Es steigt der König in den Bügel,
Den Horand dienstbeflissen hält.
Er lenkt zur Burg sein Ross, das schnelle,
Der Nagelring im Arm ihm ruht. –
Herr Wate lacht und spricht: »Geselle,
Mich deucht, die Sachen stehen gut.«

IV.

König Hagen und die Frauen

Abend war's, der König sass behaglich
Ohne Schwert im weichen Kleid von Wolle
Bei den Frauen in der Kemenate.
Neben ihm die Königin, Frau Hilde
Hatte traulich ihren Arm, den vollen,
Um den Nacken ihres Herrn geschlungen.
Aber auf dem niedern Purpurschemel
Sass das einzige Kind des wilden Hagen,
Sass die junge, liliengleiche Hilde.
An den Vater schmiegte sich die Schöne,
Und des Königs allgewalt'ge Schwerthand,
Oft von Feindesblut geröthet, spielte
Kosend mit des Mägdleins goldnem Haupthaar.
Vor der Königin auf einem Tische
Lag der fremden Männer reiche Gabe,
Lag die Pracht des funkelnden Geschmeides
Und der schweren, golddurchwirkten Zeuge.

Mit geschäft'ger Hand den Stoff entfaltend
Und das blinkende Gespäng entwirrend
Stand am Tisch die schwarzgelockte Hildburg
Hoch und stattlich anzuschau'n wie Fulla,
Die des Schmucks der Göttermutter waltet,
Doch vergrämten Angesichts und finster
Gleich der Norne Urd, der früh verblühten,
Die nach rückwärts schaut in das Vergang'ne,

Sie und Hilde waren jung an Jahren
Heimatlos an Sigbands Hof gekommen
Und im Schutz der Königin, Frau Ute,
Hagens Mutter, lieblich aufgewachsen.
Aber ungleich war der beiden Mägdlein
Sinnesart und Leben. Bei den Frauen
Im Gemache sass die blonde Hilde,
Mit der Nadel und dem Weberschifflein
Emsig schaffend, oder auch am Rocken,
Weisse Fäden auf die Spindel rollend,
Während Hildburg wie die schöne Skadi,
Durch die Wälder zog mit ihrem Jagdspiess,
Oder auch den Falken auf der Rechten
Muthig mit dem wilden Königsknaben
Hagen über Feld und Haide jagte.

Aus dem Knaben ward ein Mann, zu Jungfrau'n
Blühten auf die beiden fremden Kinder.
In den Grabeshügel stieg der greise
König Sigband, und des jungen Hagen
Stirne trug den goldnen Reif der Herrschaft.
Sieh, da wandte sich das Herz des Königs
Von der schwarzgelockten Jagdgefährtin
Zu der sanften Hilde. – Tann' und Eiche
Wachsen nun und nimmermehr zusammen. –
Hilde ward des wilden Hagen Hausfrau,
Hildburg aber, die zurückgesetzte,
Beugte schweigend ihren stolzen Nacken
Vor der Königin.

              Im fernsten Nordmeer
Liegt ein Eiland; Eis und Schnee bedeckt es,
Schnee bedeckt auch seinen höchsten Gipfel,
Doch in seiner Tiefe kocht und wallt es
Wie in Muspelheim, dem Land der Flamme.
Viele Jahre schläft der Berg. Da plötzlich
Sprengt die lang verhalt'ne Gluth den Mantel,
In den Himmel steigt die rothe Garbe,
Und verheerend stürzt zuthal der Gluthstrom.

Von den fremden Schiffern sprach der König
Zu der Trauten und der schönen Tochter,
Ihre Schätze rühmend und sie selber:
»Reiche, stolze Männer sind die Gäste,
Stark und schön von Wuchs; sie stünden besser
In der Feldschlacht als im Krämerzelte.
Habe drum Bedenken nicht getragen
Sie für morgen mir zum Mahl zu laden,
Will sie ehren, wie man Recken ehret.
Schmücket euch, ihr Frauen mit Gewändern,
Wohl empfangen sollt ihr mir die Gäste,
Sollt sie grüssen, wie man Helden grüsset
Und mit Dank die reiche Spende lohnen.«

Drauf zu seinem Kind gewendet sprach er,
Sanft liebkosend ihre weichen Wangen:
»Staunen wirst du, wenn du schaust den einen.
Einem Riesen gleicht er fast an Grösse,
Bis zum Gürtel reicht sein grauer Breitbart,
Wenn er spricht, so grollt's wie fernes Wetter.
Doch du darfst nicht zagen, meine Taube;
Sanft von Sitten ist er und so höflich
Wie der Meister Braun im Bärengraben,
Wirfst du einen Apfel ihm durch's Gitter.«

Fröhlich lachte Hilde, dass die Zähne
Silbern aus den rothen Lippen blitzten.
»Hagens Tochter,« sprach sie, »ist nicht zaghaft,
Und wo andre zittern, lacht jung Hilde.
Einen König weiss ich dir zu nennen,
Väterchen, mit dem ist nicht zu scherzen.
Tausend Recken folgen seinem Winke,
Furchtsam geht das Volk ihm aus dem Wege,
Wenn er spricht, so schweigt am Strand die Meerfluth;
Aber ich, ich darf am Bart ihn zupfen,
Darf die Arme um den Hals ihm werfen
Und ihm, wenn er brummt, den Mund verschliessen.«

Sprach's und schlang behend die weissen Arme
Um den Hals des Königs, und ihr rothes
Mündlein küsste Hagens bärt'ge Lippen.
Freudig hing der schönen Mutter Auge
An dem Mägdlein mit den Rosenwangen,
Das sich kosend an den Vater schmiegte
Wie die Epheuranke an den Eichstamm.

Mittlerweile war der rothe Schimmer
An des Himmels Westrand über'm Meere
Längst verglüht, die lichte Iringstrasse
Glänzte hell am Himmel, und die kleinen
Sterne traten schüchtern aus den Pforten
Freundlich auf die schwarze Erde schauend.

Doch der jungen Hilde Augensternlein
Blickten trüber, und es sprach die Mutter:
»Kind, es nickt dein Köpfchen wie die Blüthe
Eines Winterglöckchens über'm Schneefeld,
Süsse Müdigkeit befällt die Maide,
Wenn der Holler sich mit weissen Dolden
Schmückt und im Gezweig die Drosseln schlagen.
Such' dein Kämmerlein und geh' zur Ruhe!«
Da erhob sich Hilde; von den Eltern
Nahm sie Urlaub, und geführt von Hildburg
Stieg sie auf zum runden Thurmgemache.

Seinem Kinde war der wilde Hagen
Mit dem Blick gefolgt. Jetzt sprach er traulich
Zu der Königin an seiner Seite:
»Mancher Frühling ist in's Land gekommen,
Seit ich dich und Hildburg auf dem Eiland
Fand, dahin der Greif, der ungefüge,
Euch und mich der jungen Brut zum Frasse
Fernher über's wilde Meer getragen.
Lang ist's her, dass wir am heimischen Ufer,
Ich ein Knabe, du ein zartes Mägdlein,
Landeten nach Kummer, Noth und Fährniss.
Siebzehn Jahre sind es, dass Frau Hilde

Auf dem Haupte trägt den goldnen Stirnreif,
Sechzehn Sommer zählt die junge Hilde,
Und mir ist's, als wären's wenig Monde,
Dass ich meines Glückes mich erfreue.
Wer sich sonnt im Glück, der misst die Zeit nicht
Und mit Schwalbenfügeln fliegt die Stunde.
Giebt's in Nordlands Reichen einen König,
Der an Macht und Reckenkraft mir gleiche,
Eine Königin wie meine Hilde
Und ein Mägdlein wie mein holdes Herzblatt?
Was die Schwestern, die beim Urdborn sitzen
An der Riesenesche mir gesponnen,
Weiss ich nicht. – Es wechselt stets im Leben
Wie im Weltmeer Wellenruh mit Sturmfluth.
Unheil kann die dunkle Zukunft bringen;
Mehr des Glückes, als ich jetzt geniesse,
Können mir die Götter nicht verleihen.
Ist mir's zu verargen, wenn ich sorglich
Festzuhalten trachte, was ich habe?
Kaum zur Jungfrau ist mein Kind erwachsen,
Und schon schwärmt es um die junge Blume
Wie von Bienenvolk zur Zeit des Frühjahrs.
Hart und grausam schelten mich die Zungen,
Dass ich über meinem Kleinod wache
Wie der Lindwurm über'm gelben Rheingold.
Und auch du, Frau Hilde, meine Traute,
Hast im Stillen mir gegrollt, ich weiss es,
Als ich jüngst des Hegelingenkönigs
Boten abgewiesen mit der Werbung.«

Und es sprach die Königin dagegen:
»Von der Schwelle hast du sie gewiesen,
Hast sie heimgesendet mit der Meldung,
König Hagens Tochter sei kein Blümlein,
Das der erste Beste heften könne
An den Helmhut. Aber König Hettel
Ist der Besten bester, und sein Name
Hallt wie deiner durch des Nordlands Reiche.
Hast du wohl erwogen, was du thatest?«

Trotzig lachend sprach der wilde Hagen:
»Was ich that, es ist nicht mehr zu ändern,
Und ich weiss, der König sinnt auf Rache,
Rüstet Drachenschiffe und besendet
Seine Helden. Aber unversehens
Fall' ich ihm in's Land; das ist beschlossen.
Viele Feinde hat der König Hagen,
Doch noch nicht so viele, dass ihm bangte,
Wenn die Zahl um's doppelte sich mehrte.
Weh dem Kühnen, der nach Hagens Küste
Einen Pfeil vom Meer herüber sendet!
Weh der Hand, die gegen meinen Willen
Keck sich ausstreckt nach der weissen Taube,
Meiner Augenweide, meiner Hilde!«

Und es sprach die sanfte Gattin wieder.
»Ueber das zu richten, was der König
Thut als seines Landes Vogt und Schirmherr
Steht mir nimmer zu, der Vater aber
Soll das Wort der Hausfrau nicht verachten,
Wenn sich's handelt um das Heil des Kindes.
Und so frag' ich: Soll am End die schlanke
Zarte Lilie, die wir beide pflanzten,
Unter'm Aug' des harten Vaters welken?«

Seine Stirne runzelnd sprach der König:
»Nicht verwelken soll die junge Blüthe,
Doch nur der soll mir die Herzensfreude
Aus dem Hause führen, der im Stand ist,
Sie zu schützen, wie sie meine Hand schützt.
Selber will ich mir den Eidam suchen,
Wenn die Zeit gekommen. – Meine Hilde
Kann ich noch nicht missen, ihres Lachens,
Ihres Kosens kann ich nicht entrathen.
Und wenn Woden selbst aus Asgard nieder
In die Burg des Königs Hagen stiege
Hildes Hand zu fordern, wenn er käme
An der Spitze aller seiner Helden,
Meine Lilie dürft er jetzt nicht pflücken.

Kannst du's,« fuhr er fort, und seine Augen
Blickten finster, »kannst du's nicht erwarten,
Dass ein Fremder dir die einz'ge Tochter
Wegführt? Ist des Mägdleins Jugendschöne
Dir im Weg, du eitle Königin?«

Da erhob Frau Hilde sich vom Sessel
Und verliess gekränkt die Kemenate.

Auf der Schneckentreppe war jung Hilde
In ihr hohes Thurmgemach gestiegen.
Luftig war's und licht, die graue Steinwand
War umhüllt mit buntgewirkten Decken.
Silbern war die Ampel, die ein wilder
Greif, geschnitzt aus Holz und reich vergoldet
Hielt im krummen Schnabel. Greifen trugen
Auch das Lager mit den weichen Decken.
Aber vor dem Bett lag ausgebreitet
Eine dunkle Bärenhaut; zum Schemel
War das Haupt gestaltet, und die Zähne
Dräuten schimmernd aus dem rothen Rachen.
Hagen hatte selbst das ungefüge
Thier erlegt und ihm die Haut gepfändet,
Drauf die junge Hilde früh und Abends
Jetzt die kleinen Silberfüsse setzte.

Mit der Königstochter war Frau Hildburg
Eingetreten. Von der jungen Herrin
Hüfte löste sie die reiche Borte,
Dass das Kleid in ungehemmten Falten
Niederwallte zu den zarten Füssen,
Zog ihr dann die Nadeln aus dem Haupthaar,

Und im goldnen Mantel stand die Jungfrau,
Anzuschau'n wie Sif, die schöne Traute
Asathors, des Donnrers in den Wolken.
Nieder auf den Schemmel sass das Mägdlein,
Und Frau Hildburg strählte Hildes Haare
Sanft und lind, und wie im Traume sprach sie:

»In der Heimat, die ich früh verloren,
Wallt es golden nicht vom Haupt der Frauen.
Dunkle Strähne schlingen um die weissen
Stirnen sich, und dunkel glänzt das Auge
Wie zur Abendzeit die schwarze Meerfluth.
Ach, daheim war vieles, vieles anders!«

Dort, wohin im Herbst die Vögel streben,
Liegt mein Heim; den Namen weiss ich nicht.
Doch wenn Nachts die Träume mich umwehen,
Seh ich's hell beglänzt vom Sonnenlicht.

Statt der grauen Nebelschleier droben
Ist ein blaues Zelttuch ausgespannt;
Gute Götter Blumensterne woben
Reichlich in der Erde Festgewand.

Nimmer weisse Winterflocken wehen,
Frei von Eis ist Bach und Strom und See,
Ewig grün im Hain die Bäume stehen,
Weiss im Frühling nur von Blüthenschnee.

Säulenhallen steh'n im Opferhaine
Aufgerichtet für der Götter Schaar,
Und es tanzen um die Altarsteine
Schöne Menschen mit bekränztem Haar.

Meine Götter haben mich verlassen,
Und die fremden hören nicht mein Fleh'n. –
Lieben möcht' ich, und muss hassen, hassen,
Und im Hasse muss ich untergehen.

Leise sang's die schwarzgelockte Hildburg,
Während sie des Mägdleins Haare strählte,
Und die junge Hilde sass und nickte
Schlummermüd, dem Kinde zu vergleichen,
Dem ein Wiegenliedlein singt die Amme.
Da auf einmal tönten andre Klänge
An dem Fuss des Thurmes. Nicht der Sprosser
War es, der da singt vor Hildens Fenster
Im Hollunderbaum sein sehnend Nachtlied.
Saitentöne, wunderbare schwebten
Von dem thaubeglänzten Lindenhügel
Aufwärts, und die Frauen sassen lauschend.
Leise öffnete die kluge Hildburg
Eine Fensterpforte, kühler Nachtwind
Trug von Blüthendüften eine Wolke
In's Gemach und eine süsse Stimme:

Es sank der Sonnenwagen,
Die Vögel gingen zur Ruh',
Das Meer rauscht alte Sagen
Der träumenden Erde zu,
Die Blumen haben geschlossen
Der bunten Kelche Pracht,
Es fährt mit schwarzen Rossen
Am Himmelsbogen die Nacht.

Es schleppen aus ihren Verstecken
Die Zwerge das gleissende Gut,

Meerminnen und lustige Necken
Sich wiegen auf dunkeler Fluth,
 Es tanzen die Hagedisen
Den Reigen am Waldesborn,
Hoch über den thauigen Wiesen
Erglänzt des Mondes Horn.

Die Götterköniginne
Verträumt die Sommernacht.
Da schleicht um Folkwangs Zinne
Der listige Loke sacht.
Der Göttin Halsgeschmeide,
Er löst's mit diebischer Hand
Und fliegt im Rabenkleide
Schnell über Meer und Land.

Doch hoch auf goldener Brücke
Der treue Riger steht.
Der spürt des Bösen Tücke
Und hat den Feind erspäht.
Im rauschenden Adlergefieder
Ereilt er den Räuber schnell;
An Freyas Nacken wieder
Erglänzt es sternenhell.

Das ist der Brisingamen,
Das köstliche Halsgeschmeid,
Es schimmert wie goldener Saamen
Am Himmel weit und breit.
 Der Wächter der lichten Räume
Blickt spähend her und hin. –
In Frieden schlaf' und träume
Du schöne Königin!

»O was war das, Hildburg?« sprach die Jungfrau,
Und es leuchteten vor heller Freude
Ihre Augen, und ihr Busen hob sich.
»Kam von Mannes Mund dies holde Klingen,
Oder sang am Strand der Neck, der list'ge,
Der die Schiffer lockt mit Zauberweisen?«

Aus dem Fenster beugte sich Frau Hildburg,
Spähte mit den scharfen Augen abwärts
Nach dem Sänger, doch vergebens. Einsam
Lag im Sternenlicht der Lindenhügel,
Und sie wandte sich und schloss das Fenster.

»Sicher einer von den fremden Schiffern
War es, der sein Abendlied gesungen,«
Sprach Frau Hildburg. – »Geh zu Bett und träume!«
Sprach's und hüllte warm der Jungfrau Glieder
In die Decken, löschte dann die Lampe
Und verliess mit leisem Schritt die Kammer.

»Ob es wohl der ungefüge Recke
Mit dem breiten Barte war,« sprach Hilde,
»Der so lieblich sang?« – Sie lag und lauschte,
Ob die Stimme nicht von neuem schalle.
Doch der Sänger schwieg, nur Hall der Wogen,
Die des Strandes Felsenklippen nagten,
Trug der Wind zum Thurmgemach herüber,
Und jung Hilde schloss die blauen Augen.

V.

Wie Herr Wate Fechten lernte

Nun hört, wie König Hagen
Die Gäste gut empfing
Und was sich zugetragen
In seiner Hofburg Ring.
Sie kamen angeschritten
In reicher Kleiderpracht
Und neigten sich in Sitten
Vor König Hagens Macht.

Der ging den Herrn entgegen
Und führte sie hinein.
Drob staunten seine Degen
Und blickten neidisch drein.
Sie traten in die Halle,
Herr Hagen schritt voran;
Da fing mit lautem Schalle
Das Kampfspiel eben an.

So war's seit allen Zeiten
Der Brauch im Königssaal;
Erst ging es an ein Streiten
Und dann an's frohe Mahl.
Von guter Schwerter Klingen
Ein Dröhnen sich erhob,
Dass aus den Panzerringen
Das rothe Feuer stob.

Da sprach zu Wate Hagen;
»Nun sollst du mir gesteh'n,
Ob du in frühern Tagen
Solch' Fechten schon geseh'n,
Ob du in deinen Marken
Schon fandest einen Mann,
Der sich mit meinen Starken
In Schirmkunst messen kann.«

Zu solcher Frage schaute
Herr Wate spöttlich drein.
Den breiten Bart er kraute
Und ernsthaft sprach er: »Nein.
Solch Schirmen und solch Schlagen
Ersah ich nimmermehr.
Gern möcht ich's einmal wagen,
Doch däucht die Kunst mich schwer.«

Da sprach der König wieder
Mit List: »Versuch's einmal
Und waffne deine Glieder
Und deine Brust mit Stahl!
Es soll mein bester Meister
Dich lehren, wie man's thut;
Vielleicht, du Weitgereister,
Kommt's später dir tu gut.«

Er hiess dem Gaste bringen
Ein gutes Streitgewand.
An Brünnen und an Ringen
Genug im Saal sich fand,
Doch was von Waffenstücken
Man vor den Alten trug,
Für Wates Brust und Rücken
War keines weit genug.

Da ging im Saal ein Raunen
Durch König Hagens Bann.
Sie massen mit Erstaunen

Den riesenhaften Mann.
Am Ende man dem Fremden
Ein gutes Stahlhemd bot
Von Hagens Waffenhemden,
Das fügte sich zur Noth.

Drauf legten sie dem Alten
Dienstfertig an die Wehr
Und gaben ihm zu halten
Den Schild von Buckeln schwer.
Er stand in Hagens Halle
So unbeholfen da,
Dass man die Recken alle
Im Kreise lachen sah.

Der Meister stand im Ringe
Des Schelmenspieles froh
Und zeigte, wie man schwinge
Die Klinge so und so
Und wie man listig necke
Den Feind mit Blick und Hand
Und wie man klug sich decke
Mit breitem Schildesrand.

Noch keiner ward geboren,
Der so geschwind begriff.
Hei, wie um Meisters Ohren
Des Jüngers Klinge pfiff!
Wie laut auf seinem Helme
Herrn Wates Schwert erklang!
Es ward dem armen Schelme
Um Leib und Leben bang.

Er that um sich zu decken
Rückspringend Satz auf Satz.
Die übermüth'gen Recken
Die machten höflich Platz.
Es hätt ihn fast erschlagen
Herrn Wates Sturmgewalt,

Da rief vom Hochsitz Hagen
Zu rechter Zeit noch Halt.

»Fürwahr ich muss dich loben,
Du triffst wie Hagelschlag.
Will selber nun erproben,
Was deine Kunst vermag.«
Er liess ein Schwert sich reichen
Und rannte Waten an,
Doch bracht' ihn bald zum Weichen
Der wunderstarke Mann.

Die Funken sah man wehen
Aus Helm und Panzerring.
Dem wilden Hagen Sehen
Und Hören fast verging.
Hart kam er in's Gedränge,
Wie kräftig auch er rang,
Bis ihm im Handgemenge
Die Klinge splitternd sprang.

Da war der Streit zu Ende,
Und Hand in Hand sich schloss.
Sie rauchten wie zwei Brände,
Auf die man Wasser goss,
Sie legten ab die Ringe
Dazu der Brünnen Last,
Und Hagen guter Dinge
Sprach so zu seinem Gast:

»Du sagtest, schlauer Streiter,
Du wollest Lehrling sein,
Und wetterst wie kein Zweiter
Auf deine Meister ein.
Wenn so die Krämer fechten
Daheim in euren Gau'n,
Wie müssen erst die rechten
Kampffrohen Degen hau'n!«

Da strich der graue Streiter
Behaglich seinen Bart
Und sprach zum König heiter:
»Gefällt dir solche Art?
Verzeih?, o Herr, mein Necken;
Schwertkundig ist die Hand.
Wir sind vertriebne Recken,
Daheim im Dänenland.

Auf meiner Burg zu Stürmen
Verlebt' ich manchen Tag.
In meinen festen Thürmen
Der Ahnen Erbe lag,
Viel tausend goldne Ringe
Und köstliches Geschmeid;
Dem Vogt der Hegelinge,
Herrn Hettel war dies leid.

Er zog aus Matelane
Aus seiner Stadt am Meer,
Des Krieges rothe Fahne
Hoch wallte vor ihm her.
Er fiel in meine Marke,
Da floh ich in der Nacht. –
Es weicht der Bär, der starke
Der Meute Uebermacht.

Jung Horand, mein Geselle
Berief das Schiffsgesind;
Wir zogen in die Welle
Das beste Schiff geschwind
Und füllten in der Eile
Den Raum mit Golde schwer,
Dann lösten wir die Seile
Und stachen in das Meer.

Wohl ist der Hort geborgen,
Doch König Hettels Gier
Beschwert mein Herz mit Sorgen,

Drum floh ich, Held, zu dir.
Ich kam an dein Gestade
Zu halten kurze Rast –
Verleihe deine Gnade
Dem heimatlosen Gast.«

Da sprach der wilde Hagen:
Vor Freude ward er roth –
»Von Glück hab' ich zu sagen,
Dass ich euch Frieden bot.
Weilt unter meinem Dache;
Ich will der Wirth euch sein,
Bis wir vereint der Rache
Den König Hettel weih'n.

Wenn Rücken gegen Rücken
Wir beide fechtend steh'n,
So möcht es keinem glücken
Uns schwertgefällt zu seh'n.
Jetzt aber heisst's vertagen,
Was uns erregt den Zorn.
Das Mahl ist aufgetragen
Und wohlgefüllt das Horn.

Da setzten sich die Helden
Zum König auf die Bank.
Ich kann euch nicht vermelden,
Was jeder ass und trank.
Den Preis im Ring der Zecher
Herr Wate sich errang;
Er schwang so gut den Becher,
Als er die Klinge schwang.

VI.

Wie Horand vor den Könniginnen sang

Ein Horn erklang im Königssaal,
Eintrat Herrn Hagens Ehgemahl,
Das Haar geschmückt mit goldnen Reifen,
Das Kleid gestickt mit goldnen Greifen,
So ging sie her vor ihren Frauen
Wie Mittagssonne anzuschauen.
An ihrer Hand mit leichtem Tritt
Die junge Königstochter schritt,
Wie wenn dem Aehrengold im Feld
Blaublümlein traulich sich gesellt.
Da sprangen von der Bank geschwind
Die Herren und das Ingesind.
Die Gäste sich gar höfisch zeigten,
Sich vor den Frauen züchtig neigten,
Und ihren Dank empfingen beide
Für das gespendete Geschmeide.

Jung Hilde liess die Blicke gleiten
Auf Wates Bart, den ellenbreiten;
Vor seiner grauen Augen Gluth
Ward's fast dem Mägdlein bang zu Muth.
Soll dieser wohl der Sänger sein
Des süssen Nachtgesangs? O nein!
Wie käme wohl der Bärengrimme
Zu solcher Nachtigallenstimme?
Der andre, dem der Locken Gold
In Ringeln auf die Schultern rollt,

Dess Mund so roth, dess Stirn so rein,
Gewiss, das muss der Sänger sein.
Es mustert ihn das Königskind
Neugierig, wie die Mägdlein sind,
Doch wie Held Horand gleich dem Aar
Aufschlägt sein lichtes Augenpaar,
Jung Hilde jäh zusammen zuckt,
Wie's Vögelein im Nest sich duckt.

Die Schüsseln aus dem Saal man trug,
Und Scherz und Kurzweil gab's genug
Herr Wate nur, der graue Zecher
Sah still in seinen tiefen Becher.
Es war dem Alten nicht zu eigen
Mit witz'ger Rede sich zu zeigen,
Drum sass er schweigend auf der Bank
Am Tisch und hörte zu und trank.

Drauf hub Herr Hagen an zu melden
Das Schicksal der vertriebenen Helden,
Und wie den Waffenmeister fast
Erschlagen sein verschmitzter Gast;
Wie dann er selbst das Schwert genommen,
Wie arg er in's Gedräng gekommen
Und wie zu seinem grössten Glücke
Das Schwert zersprungen sei in Stücke.
Mit Neid vernahm die Tafelrunde
Des Alten Lob aus Königsmunde.
Herr Wate aber blickte drein,
Als müsst es so, nicht anders sein.

Verwundert sah des Königs Fraue
Das Heldenbild, das altersgraue
Und frug, ein Lächeln im Gesicht:
»Held Wate, däucht dich's besser nicht
Mit schönen Frauen süss zu kosen
Als in der Männerschlacht zu tosen?«

Der alte Streiter dachte nach,
Verneigte züchtig sich und sprach:
»Die schönen Frauen und jungen Maide
Sind meinen Augen süsse Weide.
Doch mehr als Frauenaugen mild
Erfreut mein Herz ein blauer Schild,
Und lieber, als wenn Frauen lachen,
Vernehm' ich's, wenn die Helme krachen.«

Er sprach's und trank den Becher leer,
Und Jubel schallte rings umher.
Das hat Herrn Wate nicht verdrossen;
Er winkte seinem Fahrtgenossen
Und sprach: »Nun lasset diesen zeigen,
Welch selt'ne Kunst ihm ist zu eigen.
Wohl weiss auch er den Schild zu halten
Und Helme mit dem Schwert zu spalten.
Gar manchen Feind warf in den Sand
Jung Horands starke Heldenhand,
Doch kann die Hand auch sänftlich gleiten
Wie Windhauch über Harfensaiten,
Sie siegt, wenn sie die Klinge führt
Und siegt, wenn sie die Saiten rührt.«

Da sprach zu Horand König Hagen:
»Kannst du so gut die Harfe schlagen,
Wie dein Geselle führt das Schwert,
So bist du höchster Ehre werth.
Frischauf und lass zum Harfenklang
Ertönen einen Schallgesang!«

Nicht lange liess der Held sich bitten,
Er neigte sich mit höf'schen Sitten,
Und wie er vor dem Hochsitz stand,
Die Harfe prüfend mit der Hand,
So stolz und minniglich zu seh'n
Gleich einem Bild auf Pergamen,
Vor stiller Freude hoch erglühte
Jung Hilde wie die Rosenblüthe.

Die Saiten klangen lind und leis,
Da ward es still im ganzen Kreis,
Kein Wörtlein fiel, kein Becher klang,
Und Horand zu der Harfe sang:

Was trägt der König für Herzeleid,
Was liegt ihm lastend im Sinn?
Warum ist thränenfeucht das Kleid
Der schönen Königin?
    Es hat den Königsknaben
    Ein wilder Greif geraubt.
    Die Freude liegt begraben,
    Und Gram beugt jedes Haupt.

Vorüber rollten Jahre drei,
Da hub sich neue Noth.
Das Land erscholl von Kriegsgeschrei,
Der Himmel war blutigroth.
    Des Königs Heerschild hallte
    Wie Wettersturm durch's Land,
    Zu Fuss und Rosse wallte
    Das reisige Volk zum Strand.

Und als der König stieg zu Ross,
Ein Wunder sich begab.
Vom Strande kam mit grossem Tross
Ein junger Heldenknab.
    Zwei schöne zarte Frauen,
    Die schritten ihm nicht fern,
    Sie waren anzuschauen
    Wie Mond und Abendstern.

»Herr König!« rief der Knabe hell,
»Nun gieb mir Botenbrot!
Als Geisel bring' ich dir zur Stell
Den Feind, der dich bedroht.«
    Da stand des Landes Schrecken
    Und düster um ihn her

Die Schaar der besten Recken,
Barhäuptig, ohne Wehr.

Der König sah verwundert drein.
»Steh' weiter Rede mir!
Wie kam es, dass das Wieselein
Bezwang den Auerstier?« –
   »Als wir zusammen rangen,
   Da that ich einen Griff
   Und nahm den Wicht gefangen
   Auf seinem eig'nen Schiff.«

»Dein Arm ist stark, dein Aug' ist hell,
Doch dunkel ist dein Wort.
Steh' Rede, wie du kamst, Gesell,
An meines Feindes Bord?" –
   »Sein Drache kam geschwommen
   Zum öden Inselstein
   Und hat mich aufgenommen
   Sammt diesen Mägdelein.«

»Wie kamt ihr auf das Inselland?
Das, Knabe, thu' mir kund!
Warf euch die Sturmfluth an den Strand?
Ging euer Schiff zu Grund?« –
   »Ein Greif hat uns getragen
   Von fernher über die Fluth;
   Ich hab' ihn todt geschlagen
   Zusammt der jungen Brut.«

Es ging des Königs Athem tief,
Es raunte das Gesind,
Die Königin mit Beben rief:
»Wer bist du und wessen Kind?« –
   »Meine Mutter, Wahrheit sag ich,
   Ist Königin genannt;
   Ein gold'nes Ringlein trag' ich;
   Vielleicht ist dir's bekannt.«

Da schlang die Mutter um den Sohn
Den Arm und weinte laut,
Der König rief mit frohem Ton:
»Willkomm mein Knabe traut!«
    Und Schwert auf Schild erdröhnte
    Erzhallend rings umher,
    Von Jubelrufen tönte
    Die Insel und das Meer.

Die Harfe schwieg, das Lied verhallte,
Von allen Tischen Beifall schallte.
Hei, wie der liederreiche Mann
So schnell des Königs Gunst gewann!
Denn stets die schönsten Liederweisen
Sind, die des Hörers Thaten preisen.

Herr Hagen drauf begann mit Feuer
Von seinem Jugendabenteuer
Zu melden: Wie in frühen Tagen
Der Greif ihn über's Meer getragen,
Wie dann dem Nest der Greifenjungen
Mit knapper Noth er sei entsprungen
Und wie er streifend in der Wilde
Hildburg gefunden und Frau Hilde,
Die gleich ihm selbst aus fernem Land
Der Greif geschleppt zum Inselstrand;
Und weiter fuhr er fort zu sagen,
Wie er die Greifen all erschlagen
Und wie er von dem Felsenriff
Gelangt sei auf ein feindlich Schiff,
Dess Herrn er zum Gefangnen machte,
Als Geisel seinem Vater brachte.
Das alles thät er klärlich melden
Den heimischen und fremden Helden

Und hatt' im Eifer unterdessen
Des Sängers ganz und gar vergessen.
Nicht so des Königs Ehgemahl,
Sie nahm vom Tisch den Goldpokal
Jung Hilde aber trug dem Degen
In weisser Hand den Trank entgegen.

Die blauen Augen schlug sie nieder,
Und leis erbebten ihre Glieder.
Es wäre fast der Hand entsunken
Die Last, bevor der Held getrunken.
Er hob den Becher an den Mund,
Er trank ihn aus bis auf den Grund,
Und wieder seiner Brust entquoll
Ein Lied, das wie ein Giessbach schwoll:

Jung Weland hat geschmiedet ein Schwert;
Nun ist die Flamme gesunken,
Zuweilen noch aus der Asche fährt
Ein knisternder Feuerfunken.
Mittsommernacht ist lau und lind,
Die Sterne funkeln und glimmen,
Am Weiher rauscht das Schilf im Wind,
Es rufen Silberstimmen:
    »Schwanewit, Schwanewit!«

Der Waldsee blinkt im Sternenlicht,
Drei Schwäne senken sich nieder;
Schildmaide, schön're sah man nicht,
Entsteigen dem Gefieder.
Jung Weland schleicht durch Schilf und Rohr
Und raubt sich einen Schleier.
Zwei Schwäne flattern geschreckt empor
Und klagen über dem Weiher:
    »Schwanewit, Schwanewit!«

Goldstufen schmelzen in der Gluth,
Jung Weland schwingt den Hammer;
Schön Schwanewit am Herde ruht,

Vergessen ist all ihr Jammer.
Die Traute schmückt der kluge Schmied
Mit Kette, Ring und Spange,
Er schürt die Lohe und singt sein Lied
Zum dröhnenden Hammerklange:
    »Schwanewit, Schwanewit!«

Jung Weland zog zu jagen aus
Mit Köcher und mit Bogen,
Und als er Abends kam nach Haus,
War Schwanewit entflogen.
»O weh! Sie fand das Federkleid,
Das sie vordem getragen.
O Herzeleid, o Herzeleid!
Nun muss ich jammern und klagen:
    Schwanewit, Schwanewit!«

Jung Weland war ein Meister gut,
Er klagte nicht allzulange;
Er schürte der Esse rothe Gluth
Und rührte Hammer und Zange.
Er stand am Feuer sonder Ruh
Und reckte das glühende Eisen,
Und wollten ihm fallen die Augen zu,
So sang er liebliche Weisen:
    »Schwanewit, Schwanewit!«

Und als das Werk vollendet war
Beim siebenten Morgenstrahle,
Da war's ein mächtiges Flügelpaar,
Geschmiedet aus leuchtendem Stahle,
Den Hammer warf er in Feuers Loh',
Die Schwingen rauschten und klangen,
Aufflog jung Weland adlerfroh,
Und seine Lippen sangen:
    »Schwanewit, Schwanewit!«

Schön Schwanewit sitzt im Alfensaal
Mit nass geweinten Wangen,

Im Herzen bittrer Reue Qual
Und sehnendes Verlangen.
»O weh mir, dass ich dir entfloh'n
Im rauschenden Gefieder,
O hört' ich deiner Stimme Ton
Ein einzigmal nur wieder:
    Schwanewit, Schwanewit!«

Schön Schwanewit ruft's im Alfensaal
In übergrossem Leide.
Da wehen Flügel, da klirrt's von Stahl –
O süsse Augenweide!
»Willkomm, Willkomm, mein Trautgesell!
Nun scheid' ich von allem Harme.« –
Jung Weland jubelt lerchenhell
Und schlingt um sie die Arme.
    »Schwanewit, Schwanewit!«

Held Horand schwieg und abermal
Scholl Jubelruf im Königssaal.
In mancher Brust, die Eisen trug,
Ein süss bewegtes Herze schlug,
Und mancher Held, ergraut im Streite
Sah starren Blickes in die Weite.
In Hildens blauem Auge stand
Ein Thränlein, hell wie Adamant,
Und durch die Seele zog ihr leise
Des jungen Helden süsse Weise.
Sie hörte nicht der Becher Klirren
Und nicht der Stimmen lautes Schwirren,
Sie sah nicht mehr der Zecher Schaar,
Sie sah auch nicht ihr Elternpaar,

Vor ihrem Auge stand nur er. –
»O Horand, Horand, singe mehr!«
Sie sprach es nicht, sie rief's im Stillen,
Und doch, gehorsam ihrem Willen
Liess Horand seine Saiten klingen
Und hub von Neuem an zu singen:

All Leben schlief und träumte,
All Land war öd und leer,
Kein Wasser rann und schäumte,
Kein Wind bewegte das Meer;
Und aus dem Nebelreiche
Ein Schifflein stieg zu Tag,
Darin der göttergleiche,
Sangkundige Bragi lag.

Er lag wie nach dem Streite
Ein Kämpe schlummerschwer;
Es hing an seiner Seite
Die Harfe stumm wie er.
Doch als die müden Glieder
Der Pfeil der Sonne traf,
Da hoben sich die Lider,
Da wich der Todtenschlaf.

Er stand auf seinen Füssen,
Die Harfe mächtig klang,
Das Sonnenlicht zu grüssen
Sein Lied zum Himmel drang.
 Er sang das Lied vom Lehen,
Vom Werden und Entsteh'n –
Das Meer begann zu beben,
Der Wind begann zu weh'n.

Die Wogen schlugen zusammen
Und brandeten um das Riff,
Meerwunder horchend schwammen
Um Bragis schwarzes Schiff.
Es fuhr mit gutem Winde,

Bald knirschte der Kiel im Sand,
Und Bragi sprang geschwinde
An's öde Uferland.

Aus seiner Sohlen Spuren
Empor schoss lichtes Grün,
Die Dünen wurden Fluren,
Die Blumen begannen zu blühen,
Aufstiegen Föhren und Tannen
Und Eschen und Birken schlank,
Epheu und Hopfen spannen
Ihr fröhliches Gerank.

Waldwasser schäumend sprangen
Und eilten durch das Ried,
Die bunten Vögel sangen
Zu Bragis Harfenlied,
 Durch's Dickicht schritten leise
Der Elkhirsch und das Reh,
Und Adler zogen Kreise
Hoch über Land und See.

Die Saiten lauter rauschten,
Es wuchs des Liedes Schall,
Die starken Asen lauschten
Beim Methhorn in Walhall.
Es klang wie trautes Kosen
So weich und süss und lind,
Da hob sich aus den Rosen
Idun, Iwaldis Kind.

Süss klangen Bragis Töne
Voll Seligkeit und Lust;
Es sank die jugendschöne
Idun an seine Brust.
Er hat sie fest umschlungen:
Geküsst als sein Gemahl
Und dann sich aufgeschwungen
Mit ihr zu Wodens Saal.

Fortan beim Göttermahle
Die Harfe Bragis klingt,
Idun in goldner Schale
Der Jugend Aepfel bringt. –
 Die Götterburg wird stehen,
Die Norne weiss wie lang;
Sie wird zu Grunde gehen,
Wenn Jugend flieht und Sang.

Des klugen Sängers Stimme schwieg,
Sein Heldenauge blickte Sieg.
Wie Bragis süsse Harfentöne
Erweckt Idun, die morgenschöne,
So hatt' er Hilde wach gesungen –
Die junge Knospe war gesprungen.

Die Jungfrau schlug die Augenlider
Nicht zaghaft mehr zu Boden nieder,
An Horand hing ihr Auge blau,
Wie an der Blume hängt der Thau;
Sie wär' am liebsten sangestrunken
Dem Sänger an die Brust gesunken.

Es sah das frohe Königspaar
Nicht, wie ihr Kind verändert war,
Frau Hildburg aber sah der feuchten
Blauäugelein glückselig Leuchten,
Sah, wie sich Hildens Busen hob,
Sah auch das Netz, das Horand wob
Und sprach alsbald mit klugem Sinn
Das leise Wort zur Königin:
»Die tapfern Zecher auf den Bänken
Bereits die Köpfe weinschwer senken,

Und immer schneller macht die Runde
Das grosse Horn von Mund zu Munde.
Schon seh' ich wie im Wind die schlanken
Hängbirken unsre Recken schwanken.
Lass uns entweichen, eh! die Wellen,
Die schäumenden zur Sturmfluth schwellen!«

Die Herrin sich alsbald erhob,
Zurück den Purpursessel schob.
»Hab Dank, Held Horand,« sprach sie milde
Und leise sprachs die junge Hilde.
Sie neigten sich mit zücht'gen Sitten
Und mit den Frau'n von dannen schritten,
Wie wenn der Sonne goldne Gluth
Verlöscht in dunkler Meeresfluth.

Erst jetzt begann im Saale recht
Der durst'gen Zecher Trinkgefecht.
In Horn und Becher unverdrossen
So Bier als Wein die Schenken gossen.
Das Tosen immer höher schwoll,
Dass dröhnend der Palast erscholl,
Und mehr als einer von der Bank
Als stiller Mann zu Boden sank.

Im Sessel sass Herr Wate hehr,
Der Klippe gleich im wilden Meer.
Das volle wie das leere Horn
Erregten seinen Heldenzorn.
Das volle Horn er grimmig leerte,
Das leere Horn er voll begehrte.
Hei, wie der Meth dem starken Mann
Aufschäumend durch die Kehle rann!
Mit Staunen sahen's alle Recken,
Herr Hagen aber sprach mit Necken:

»Ein Meister bist du, Held, im Zechen,
Wie du es bist im Helmzerbrechen,
Doch Horands Harfenspiel und Sang

Weit höhern Preis als du errang.
Wie schade, dass ein solcher Mann
Wie du nicht lieblich singen kann!«

Das Wort verdross Herrn Wate fast,
Er fuhr vom Sitz empor mit Hast;
Nicht wanken machte ihn der Meth,
Fest stand er, wie der Weltbaum steht.
Er strich des grauen Bartes Wellen,
Und sprach zu seinem Heergesellen:
»Lass, Horand, deine Harfe klingen!
Ich, Wate, will ein Lied jetzt singen,
Das Lied, wie Asathor die Reise
Gen Utgard that, du kennst die Weise.«
Die Harfe Horands kräftig schallte,
Einfiel mit tiefem Ton der Alte,
Und wie des Bären Brummen klang,
Herrn Wates ungefüger Sang:

     Wintersturm aus Riesenheim
     Kam mit Hagelschauer,
     Eis erdrückte Korn und Keim;
     Trauernd sah's der Bauer.

     Zornig rief der starke Thor:
     »Will euch den Meister weisen.
     Spannt die Böcke dem Wagen vor!
     Will zu den Riesen reisen.«

     Ueber gefrorene Ströme ging's
     Fort durch die Oede, die todte.
     Eis und Schnee und Nebel rings,
     Blutig das Nordlicht lohte.

     Utgard-Lokes Schildburg stand
     Hinter eisigem Walle.
     Thor den Riesenfürsten fand
     Zechend in seiner Halle.

Schrecklich war er anzuschau'n,
Weiss von Reif umsponnen;
Seine Augen unter den Brauen
Glühten wie zwei Sonnen.

Um des Fürsten Hochsitz her
Sass sein Volk auf Bänken,
Liess aus Kesseln, bergesschwer,
Schäumenden Meth sich schenken.

Utgard-Loke zu lachen begann,
Rief mit Donnerschalle:
»Sprich, was willst du kleiner Mann,
Thor in meiner Halle?

Rühmend deine Kraft bespricht
Riese, Mensch und Ase,
Und doch gleichst du, kleiner Wicht,
Einem Käfer im Grase.

Dennoch sollst du willkommen sein,
Will nach Gebühr dich ehren.
Auf, mein Trinkhorn bringt herein!
Asathor soll's leeren.

 Mancher mit einem Zug es zwingt,
Viele zwingen's mit zweien;
Möchte seh'n, ob dir's gelingt,
Asathor, mit dreien.«

Und ein ungefüges Horn
Brachten zwölf Riesenfrauen.
Thor stand an der Mündung vorn,
Konnte das Ende nicht schauen.

Zwar er hob's mit starker Hand,
Trank mit Asenmuthe,
Doch nur trocken war der Rand,
Als er vom Zuge ruhte.

Zweimal noch in grimmem Zorn
Hob er das Horn, das volle,
Aber des Methes brauner Born
Sank nur wenige Zolle.

Dröhnendes Lachen rings erscholl
Von den Zechern im Saale. –
Asathor sass unmuthvoll
Und beschämt beim Mahle.

 Andern Tags bei guter Zeit
Aufbrach Thor, der starke.
Loke gab ihm das Geleit
Bis zur Landesmarke.

Still der Riesenkönig stund,
Deutete nach dem Strande.
Ausgetrocknet war der Sund,
Fische zuckten im Sande.

Wo sonst Wellen mit weissem Kamm
Brandeten um die Riffe,
Lagen im schwarzen Uferschlamm
Halbversunkene Schiffe.

Und der Riesenfürst hub an,
Zu dem Gast gewendet:
»List, du starker Thor, und Wahn
Hat dein Auge geblendet.

Was im Horn dir quoll als Meth,
Waren des Meeres Wogen.
Sieh, wie tief das Weltmeer steht;
Kräftig hast du gezogen.

 Dir an Stärke gewachsen ist
Keiner in meinen Reichen,
Aber vor der Riesen List
Asenkraft muss weichen.«

Zornig schwang mit starker Hand
Thor den Hammer zur Rache,
Aber im wallenden Nebel schwand
Loke mit höhnischer Lache.

Thor, du gewalt'ger, zu deiner Ehr
Leer' ich jetzunder das Stierhorn.
Hoffe, es hält nicht Wasser vom Meer,
Sondern weissschäumenden Bierborn.«

Der alte Zecher rief's und wog
Das Auerhorn und zog und zog,
Bis dass er's leer vom Munde setzte. –
Ich weiss nicht, ob es war das letzte.

VII.

Hilde und Hildburg

Wie grün ist heut das Land, wie blau die Meerfluth,
Welch süsser Duft umfliesst die Rosenbüsche,
Wie lieblich lockend schallt aus Lindenkronen
Der Drossel Sang, und selbst der Schrei der Möve,
Die schimmernd über'm Wasserspiegel schwebt,
Tönt freudig heut vom Seegestad herüber.
Verwandelt ist die Welt, Lichtalfen gleiten
Auf Wolkenschiffen durch die Luft und winken
Der jungen Königstochter, die vom Fenster
Hinaus blickt in die Weite, traumverloren.

Frau Hildburg sass auf einem niedern Schemel
Die Nadel führend mit geschickten Fingern.
Mit Fadengold und bunter Seide wob sie
Gethier des Waldes in den Stoff: den Eber
Von Rüdenzahn gefasst, den flücht'gen Damhirsch,
Den Silberreiher in des Sperbers Fängen
Und Jäger mit dem Bogen und dem Jagdspiess.
Ein goldenes Geranke zierlich schlang
Sich um das Bild. Frau Hildburg aber sang:

Durch's Meer ein Schiff geschwommen kam,
Am Mastbaum stand der König Gram.
Zum Klang der Harfe sang er laut
Ein Lied von Signe, seiner Braut,
  Des Finnenkönigs Tochter.

Und wie er schloss den rothen Mund,
Ein Greis auf einmal vor ihm stund.
Woher er kam, man sah es nicht,
In einen Silberspiegel licht
  Den König liess er schauen.

Da ging des Helden Athem schwer,
Die Wange ward von Blut ihm leer.
Im Brautgeschmeid, im Brautgewand
Schön Signe in dem Spiegel stand
  Und neben ihr ein Fremder.

 Der König Gram gerieth in Wuth,
Die Rechte zog die Klinge gut;
Zerschmettern sollt' ein grimmer Streich
Den Spiegel und den Greis zugleich,
  Doch beides war verschwunden.

Da sprach kein Wort der König Gram,
Das Steuer er zu Händen nahm,
Gen Mitternacht, gen Finnenland
Ward schnell das Drachenschiff gewandt;
  Hei, wie es flog im Winde!

Der Finnenkönig sass im Saal
Bei seiner Tochter Hochzeitsmahl.
Schön Signe sass so blass und bleich
Und neben ihr im Kleide reich
  Der Fürst der wilden Sachsen.

Da trat ein alter Mann herein,
Den hüllten Grauhundfelle ein.
Er ging am Stab gebückt einher,
Als ob er siech und müde wär'
  Und sass am Eingang nieder.

So Meth als Wein in Strömen rann,
Und wüster Lärm im Saal begann,
 Manch einer vom Bewusstsein schied,

Ein finn'scher Sänger sang ein Lied,
    Das klang wie Rabenkrächzen.

Da nahm das Saitenspiel zur Hand
Der fremde Mann im Wolfsgewand
Und sang ein Lied voll Klang und Gluth,
Von Frauentreu' und Mannesmuth. –
    Schön Signe sass und lauschte.

Und wie vom Regen neu belebt
Die welke Blüthe sich erhebt,
So hob das schöne Haupt die Braut,
Von heissen Thränen hell bethaut
    Und spähte nach dem Sänger.

Da warf der Fremde von sich schnell
Die Kappe sammt dem rauhen Fell.
Hei, wie den bleichen Bräutigam
Zu Boden schlug der König Gram
    Mit seinem guten Schwerte!

Schön Signe von dem Hochsitz sprang,
Der König fest die Braut umschlang,
Und aus dem Hochzeitssaal im Flug
Sein starker Arm die Traute trug
    Zum Drachenschiff am Strande.

 Die Fahrtgesellen riefen an
Den Oegir und die weisse Ran.
Vom Decke rann das Opferblut,
Da flog das Schifflein durch die Fluth
    Wie eine weisse Möve.

Es stand der König Gram am Mast
Schön Signe hielt sein Arm umfasst.
Meerminnen schwammen um den Kiel,
Ein Sänger sang zum Harfenspiel
    Von starker Treu im Norden.

Das Lied verklang. Gelockt von Wort und Weise
Stand Hilde vor der Freundin, die sich beugte
Auf ihre bunte Schilderei und emsig
Den goldnen Faden zog. Da sprach die Jungfrau:
»Die Königsburg erschallt von neuen Liedern.
Du hast mir oft von Zwergenvolk gesungen,
Das in den hohlen Bergen wohnt, von Riesen,
Die listig Asathor den Hammer stahlen,
Und von den Wellentöchtern in der Salzfluth.
Allein der Sang von König Gram und Signe
Ist neu. Hat dir der fremde Sänger Horand
Das Lied vertraut? Ich weiss, du warst am Strande
Und hast das Wunderschiff geschaut. Erzähl' mir Hild-
burg!«

Und Hildburg sprach: »Es ist ein Lied, ein altes.
In deines Vaters Halle sang's vor Jahren
Ein fremder Sänger, und entschwunden war mir's
Im Lauf der Zeit. Doch als der Fremde gestern
Die süssen Weisen sang zum Ton der Harfe,
Und als ich sah die Hochgestalt des Helden,
Das Haupt von goldner Lockenfluth umflossen,
Wohl würdig, dass es einen Kronreif trüge,
Und als ich sah, wie meine Hilde lauschte
Und wie am Sänger hing ihr blaues Auge,
Da plötzlich mir das Lied zu Sinne kam,
Und die Gestalten fügten sich zum Bilde;
Held Horand schien mir wie der König Gram
Und wie schön Signe meine traute Hilde.«

Sie sprach's und sah der Jungfrau scharf in's Auge.
Die aber warf sich an dem Schemel nieder
Und barg ihr Angesicht im Schooss der Andern

Und schluchzte laut. »Ach, Hildburg«, rief sie weinend,
»Ach hilf und rathe mir! Ich bin so thöricht,
So selig – schilt mich nicht – ich kann nicht anders.
Seitdem ich seine Stimme hörte schallen
Und sah das Bild des Helden vor mir steh'n,
Schön wie ein Gott aus Asgards lichten Hallen,
War's um der armen Hilde Kopf geschehen.
Ich möchte jubeln, singen, weinen, klagen,
Ach, was ich will, ich weiss es nicht zu sagen,
Das eine weiss ich, lieber will ich sterben
Als mich von einem andern lassen werben.«

Frau Hildburg trocknete die feuchten Wangen
Dem Königskind. »Sei ruhig, meine Taube!
Drei Schwestern sitzen an dem Fuss der Esche
Am ew'gen Brunnen, Zauberlieder raunend.
Auf goldne Spindel rollen sie den Faden
Und wirken jedem das Gewand der Zukunft.
Ein reiches Schicksalskleid wird dir gewoben,
Und herrlich seh' ich's der Vollendung nah'n.
Und weil du mir vertraut hast ein Geheimniss,
So will ich dir dafür ein andres künden.«
Da trocknete die Thränen von den Wangen
Das schöne Königskind und sass und lauschte.
»Der Fremden Wesen,« so begann Frau Hildburg,
Ihr Adel, ihre ungemess'nen Schätze,
Die sie verstreuen wie mit Königshänden,
Die Asenkraft des Alten und die Lieder
Des Sängers Horand, alles schien mir seltsam.
Und die Gelegenheit drum nahm ich wahr
Und folgte heute früh nach Sonnenaufgang
Den Mägden, die zum Strand das Linnen trugen,
Im Stillen hoffend, dass ein günst'ger Zufall
Vielleicht mich auf die Spur, die rechte, leite.
Im blauen Sunde lag das Wunderschifflein
Der fremden Gäste wie ein bunter Vogel.
Am Ufer aber vor dem Waarenzelte
Ging Horand hin und her. – Da schritt ich näher,
Und mich erkennend sprach der Sänger freundlich:

Willkommen, edle Frau mit deinen Maiden,
Und hiess uns in den inneren Zeltraum treten,
Wo aufgehäuft auf breiten Tischen lagen
Die Prachtgewänder und die Goldkleinode,
Jedwede Magd erhielt ein goldnes Ringlein,
Ich aber eine Spange, drein ein Jaspis
Erglänzte, grün wie junges Gras im Frühjahr.
Die hocherfreuten Mägde schieden dankend
Aus Horands Zelt und schritten zu dem Bache,
Der lustig schäumend mündet in die Seebucht,
Das Linnen und die Kleider dort zu waschen.
Wir beide aber gingen an dem Strande
Lustwandelnd hin und her und sprachen dieses
Und jenes, wie es Brauch im Zwiegespräche.
Und als ich seiner süssen Kunst gedachte
Und ihm erzählte, wie dem Königspaar
Sein Spiel und Sang gefallen, frug er hastig:
Und Hilde? – Stille stand ich, und in's Antlitz
Dem Helden sah ich, und sein Auge zuckte.
Da hatt' ich ihn verstanden und er mich,
Und warnend sprach ich also zu dem Helden:
Verloren bist du, wenn ein andres Auge
Als meins das schlaue Spiel des fremden Sängers
Durchschaut. – Der König hütet seine Taube
Wie Fafner seinen Hort. – Der ist verloren,
Der kühn die Hand nach Hagens Tochter streckt.
Des Todes bist du, selbst wenn die Verkleidung
Des Sängers Horand einen König deckt.

Und Horand sprach: Hab' Dank für deine Warnung.
Wohl weiss ich, dass sein Kind der starke Hagen
Behütet wie der Felsenaar sein Junges;
Wohl weiss ich, dass er alle Königsboten,
Die um der jungen Hilde willen kamen,
Von seiner Thüre wies, mit Hohn sie kränkend.
Auf seinem Felseneiland sitzt er trotzend
Auf seine Macht und seiner Recken Hände.
Das alte Sprichwort aber sagt mit Recht:
Ist einer übermüthig, immer findet

Ein andrer sich, der jenen überwindet.
Ich weiss von einem jungen Heldenkönig,
Dem wilden Hagen gleich an Kraft und Ehre,
An Schätzen aber und an festen Burgen,
An Land und Leuten noch bei weitem reicher.
Der hat geschworen bei den starken Asen,
Des wilden Hagen Kind, von dessen Schöne
Die Fahrenden an allen Höfen singen,
Als seine Hausfrau in das Land zu bringen,
Auf dass ihr Haupt der goldne Stirnreif kröne.

So sprach der Fremde, der sich Horand nennt,
Und wie der Götter einer, die vom Himmel
Zuweilen auf die Erde niedersteigen,
Erschien er mir, und alles war mir klar.
Er selber ist der junge, reiche König,
Von dem er sagte, dass er Hagens Tochter
Gelobt als seine Traute heimzuführen.
Um deinetwillen ist er hergekommen,
Und singend hat der Held dein Herz genommen.
Was er gelobt hat bei den starken Asen,
Er führt's zu End. – Du zagst und zitterst, Hilde,
Wie Laub im Wind? – Sei ruhig und vertraue!
Was dir die Norne spann, es muss geschehen,
Und treu zur Seite wird dir Hildburg stehen.«

Und flüsternd fuhr sie fort: »Wenn in der Halle
Die fremden Gäste heut zum Mahl erscheinen,
Und, wie es Brauch, das Waffenspiel beginnen,
Dann wird Held Wate seine Künste zeigen
Und aller Augen fesseln. – Unterdessen –
Erschrick nicht, meine Taube! – Unterdessen
Entfernt sich unbemerkt der kühne Horand
Und schreitet, in den Armen seine Harfe,
Zum abgelegnen Garten an dem Zwinger.
Dort findet uns von Ungefähr der Sänger,
Die wir im Grünen wandeln auf und nieder.
Und dort, so sprach er, soll die junge Hilde
Das schönste hören aller meiner Lieder.«

Frau Hildburg war zu Ende. – Bebend nickte
Und schweigend mit dem Haupt die Königstochter
Und barg ihr Angesicht in beiden Händen.
Doch Hildburg flösste Muth ihr in die Seele,
Die bangende, und sprach die Trostesworte:
»Sei guten Muthes, Hilde, und nicht fürchte
Des Vaters Rache. Toben wird er freilich
Vor Zorn, wenn ihm die Tochter wird entrissen,
Wenn sich ein Andrer mit der Lilie schmückt,
Die seine Selbstsucht wollte welken lassen.
Wohl wird Frau Hilde, deine Mutter, klagen
Und weinen und ihr Kind des Undanks zeihen;
Doch bist du erst des jungen Königs Hausfrau,
Und schmückt der Kronreif deine weisse Stirne,
Dann ist des Königs Groll und Gram zu Ende,
Dann scheidet deine Mutter von dem Leide,
Und reichen Segen streuen ihre Hände
Auf's Haupt des Kindes, ihrer Augenweide.

Noch sind wir nicht am Ziel; das kühne Wagniss
Gelang noch nicht, allein es wird gelingen,
Und freudig nehm' ich auf die eignen Schultern
Für dich die grösste Hälfte der Gefahr.
Mein Schicksal will ich an das deine ketten,
Du trautes Kind. – An deines Vaters Hofe
Bist du die einz'ge, die mich liebt von Herzen
Und die ich selber liebe wie mein Leben.
Du weisst, dein Vater fand mich als ein Mägdlein
Bei deiner Mutter auf dem Felseneiland,
Dahin die wilden Greifen uns getragen.
Nach Kummer, Noth und mancherlei Bedrängniss
Gelang's dem jungen Recken uns zu bringen
Hierher in seines Vaters Reich, und Hilde
Ward Hagens Weib, fand Liebe, Haus und Heimat.
Ich aber ward die Magd. Doch lass mich schweigen.
Was ich geduldet viele, lange Jahre,
Du ahnst es nicht und kannst es nicht ermessen,
Jetzt aber endlich ist der Tag gekommen,
Da ich sie breche die verhasste Fessel,

Und du, ich weiss es, wirst mir gern vergelten,
Was ich gelitten und für dich gethan.«

So sprach Frau Hildburg, und die Arme schlang
Um ihren Hals das Kind des wilden Hagen
Und schwur's ihr zu. – Es schlug ihr Herz so bang,
Doch froh begann der andern Herz zu schlagen.

VIII.

Die Werbung

Auf der Königsburg im Garten
Heckenröslein freudig blüh'n,
Ueberwoben sind die harten
Mauern von des Epheu's Grün.
Düfte wehen vom Hollunder,
Kühle Winde schickt das Meer,
Und der Luft beschwingte Wunder
Schweben schillernd hin und her.

Hinter dichten Rosenhägen
Vor dem Königskinde steht
Horand, der gewandte Degen,
Hildburg in die Runde späht
In der Ferne hallen Schilde,
Die der starke Wate bricht.
Bebend lauscht die junge Hilde,
Was der Sänger leise spricht:

»Herrin! Weit von hier im Meere
Liegt der Hegelingen Land,
Und ihr König, reich an Ehre,
Ist Herr Hettel zubenannt.
Längst im Herzen heisse Minne
Trägt der starke Held zu dir. –
Sei ihm gnädig, Königinne,
Seinen Boten siehst du hier.«

Lächelnd sprach die junge Hilde:
»Schlauer Königsbote, sprich,
Gleicht er wohl dem Heldenbilde,
Das als Sendling wirbt um mich?
Seine Sehnsucht will ich stillen,
Die dich Helden zu mir trieb;
Um des Königsboten willen
Ist mir auch der König lieb.«

»Herrin!« sprach der Sänger wieder,
»Hettels Brust trägt hohen Muth,
Asenkraft durchströmt die Glieder,
Und sein Sinn ist mild und gut.
Wolltest du die Herrin werden
Seiner Länder weit und reich,
Keine Königin auf Erden
Käme Hagens Tochter gleich.«

Hilde sprach mit Flammenwangen:
»Eins noch, Fremder, thu mir kund!
Herrlich ist der Krone Prangen,
Süsser eines Sängers Mund.
Hören möcht' ich alle Tage
Sanften Liederweisen zu. –
Trauter Königsbote, sage,
Singt Herr Hettel so wie du?«

»Täglich in des Königs weiten
Hallen tönt der Harfe Klang,
Sieben kluge Meister streiten
Um den Preis im Wettgesang;
Doch sie horchen und sie schweigen,
Wenn des Königs Stimme schallt,
Wie die Vögel auf den Zweigen,
Wenn der Sprosser singt im Wald.«

»Wohl, ich weigre mich nicht länger,
Bin zu folgen dir bereit,
Aber sprich, du kluger Sänger!

Ist der König Hettel weit?«
Und das Kind des wilden Hagen
Lächelte mit List ihm zu,
Gleich als ob es wollte sagen:
König Hettel, Freund, bist du.

Wieder sprach der junge Degen:
»König Hettel ist nicht fern.
Hoffend sehnt er sich entgegen
Seines Lebens lichtem Stern.
Nah genug, doch wohl verborgen
Ankert seiner Schiffe Schwarm.
Folge mir! Nach wen'gen Morgen
Ruhst du in des Königs Arm.

Deinen Vater will ich bitten,
Dass er morgen mit den Frau'n
An die Lände kommt geritten
Unser Schifflein anzuschau'n.
Hast du seinen Bord bestiegen,
Stösst's vom Ufer ab im Nu,
Und geschwind, wie Möwen fliegen,
Trägt es dich dem König zu.«

Zitternd hörte Horands Worte
Hilde, fast der Muth ihr schwand.
Sieh, da winkte von der Pforte
Hildburg mit der weissen Hand.
In der Halle schwieg der Schilde
Und der Schwerter lauter Klang.
Horand neigte sich vor Hilde
Und entwich mit leisem Gang.

Hildburgs weisse Arme schlangen
Sich um Hilde sanft und lind,
Heisse Thränen von den Wangen
Küsste sie dem Königskind,
Und die Kluge raunte leise
Sanfte Worte, trostesvoll. –

Horch! Da tönte Horands Weise
Jubelnd, dass das Haus erscholl:

Im Süden liegt ein Garten,
Sind tausend Rosen drin.
Die Rosen pflegt zu warten
Die schönste Königin.
Es läuft von rother Seide
Ein Faden von Thor zu Thor,
Zwölf Riesen im Eisenkleide
Als Wächter stehen davor.

Wo ist das Hofgelage
Der jungen Königin?
Nach ihrem Rosenhage
Steht Denken mir und Sinn.
 Ich möchte streiten und fechten,
Bestehen die Reckenschaar
Und meiner Trauten flechten
Ein Kränzlein in das Haar.

Es liegt auf Gnitahaide
Ein Wurm in schuppiger Haut.
Er hütet ein köstlich Geschmeide,
Den Ring Andwaranaut.
Der ward von listigen Zwergen
Geschmiedet mit Meisterschaft;
Das Gold aus Bächen und Bergen
Zu locken hat er die Kraft.

O thät mir ein Kundiger zeigen
Den Weg zum giftigen Wurm,
Ich wollte den Hengst besteigen
Und reiten wie Wind und Sturm,
Den Drachen wollt' ich schlagen
Und rauben das Goldgeschmeid;
Am Finger sollt' es tragen
Die allerschönste Maid.

Im Nord, von Sturm umwüthet
Ein hohler Felsen steht.
Gunlöd, die Jungfrau hütet
Darin den Zaubermeth,
 Und so es einem zu nippen
Von ihrer Schale gelang,
Dem fliesst und strömt von den Lippen
Unsterblicher Gesang.

O reiche mir, du Schöne,
Einen Trunk aus deinem Born,
Dass hell mein Sang ertöne
Wie Rigers goldnes Horn,
Dass Erde, Himmel und Meere
Erschallen weit und breit
Von meiner Frauen Ehre
Und meiner Seligkeit.

IX.

Die Flucht

Der Tag hat aufgeschlossen sein goldigrothes Thor,
Die Sonnenrosse flogen den Himmelspfad empor.
Im frischen Winde sprangen die Wellen auf der Fluth
Wie eine Lämmerheerde, die lust'ge Sprünge thut.

Aus Baljans Mauern zogen Herr Hagen und die Frau'n,
Das Schiff der fremden Helden und ihren Hort zu
schauen.
Es folgten ihnen Recken wohl sechzig an der Zahl;
Auf ihren Helmen glänzte der rothe Morgenstrahl.

Auf weissen Mähren ritten in Sattelkleidern reich
Die edlen Königinnen, jung Hilde lilienbleich.
Sie hob die lichten Augen vom Hals des Rosses kaum,
Und zitternd hielt die Linke den purpurfarbnen Zaum.

Den beiden Hilden folgte Frau Hildburg im Geleit;
Sie sass so kühn im Sattel, als gings zu Kampf und
Streit,
Sie liess die dunklen Locken im Morgenwinde weh'n,
Wie eine schlachtenfrohe Schildjungfrau anzuseh'n.

Der Hass, den gegen König und Königin sie trug.
Genährt seit vielen Jahren, jetzt wilde Flammen schlug.
Zur lang ersehnten Rache gekommen war die Zeit.
Sie schuf dem wilden Hagen das grösste Herzeleid.

Und als der Zug des Königs gekommen an den Strand,
Da hob man von den Rossen die Frauen auf den Sand.
Herr Horand und Herr Wate, der wunderstarke Mann,
Begrüssten ihre Gäste, dazu des Königs Bann.

Auf langen Tischen rauchten der Schüsseln wohl ge-
nug,
Die Schenken hurtig rannten mit Becher und mit Krug,
In weiten Hörnern schäumte des Methes braune Fluth,
Und in den Silberbechern der Rebe süsses Blut.

Da legten ihre Wehre die Degen schnell beiseit
Und setzten sich zu Tische, zum Zechen stets bereit.
Ein fröhliches Gelage begann alsbald am Meer;
Die Schüsseln und die Becher, sie wurden nimmer leer.

Indess das Heergesinde beim reichen Mahle sass,
Herr Hagen mit den Frauen des Schmausens ganz ver-
gass.
Erfreute sich im Laden an blauer Helme Schein,
Die Königin hinwieder an Gold und Edelstein.

Da hob zu seinen Gästen der alte Wate an:
»Nun sollt ihr seh'n das beste von allem, was wir han.«
Er hob mit starken Händen den Deckel einer Truh'
Und winkte mit den Augen dem kühnen Horand zu.

Ein Waffenhemde bot er dem wilden Hagen dar,
Der Draht war siebenfältig, aus dem's gewoben war;
Es mochte keine Klinge, wie grimmig sie auch schnitt,
Das Streitgewand durchdringen; fest war es wie Granit.

Und Wate holte wieder aus seiner Truhe Grund
Ein schweres Silberkästlein, von Edelsteinen bunt.
Es barg ein köstlich Kleinod von wunderbarem Glanz;
Ein Halsgeschmeide war es, gefertigt in Byzanz.

Herr Hagen und Frau Hilde vor Freude wurden roth,
Sie sahen nur die Gaben, die ihnen Wate bot,

Sie hörten nur die Worte, die sprach der schlaue Held,
Und Horand mit den Frauen wich eilends aus dem
Zelt.

Es war der Weg zum Schiffe nur wenige Schritte weit;
Den alten Wate däuchte es eine Ewigkeit,
Bis das ersehnte Zeichen, ein Hornstoss gellend klang.
Hei, wie mit wildem Toben empor der Recke sprang!

Mit starkem Fussstoss warf er die Tafel goldesschwer.
Das köstliche Geschmeide flog blitzend weit umher,
Er schwang die lichte Klinge in hochgehobner Hand,
So brach er aus dem Zeltraum und rannte nach dem
Strand.

Von Hagens Degen keiner verlegte seine Bahn;
Er flog hinab zur Lände und sprang in einen Kahn,
Das Tau zerschnitt er eilig, das Ruder er ergriff,
Mit wenig Ruderschlägen gewann der Held das Schiff.

Erst stand der wilde Hagen vor Staunen schweigend
da,
Doch als er auf dem Schifflein das rothe Zeichen sah,
Darauf den goldnen Leuen, da ward ihm schrecklich
klar,
Dass von den Hegelingen geraubt die Tochter war.

Aufschrie er wie ein Waldthier, durch einen Pfeilschuss
wund,
Die Königin, Frau Hilde, sank leblos auf den Grund,
Die Heergesellen rannten am Strande hin und her,
Und immer weiter schwebte das Schifflein auf dem
Meer.

Da riss der König einem den Speerschaft aus der Faust;
Wie eine Schlange kam er mit Zischen angesaust.
Frau Hildburg fiel getroffen zu Boden todtenbleich,
Und zürnend glitt ihr Schatten hinab ins Todtenreich.

Zum zweitenmal versandte der König einen Schaft,
Er warf ihn tödtlich sicher mit ungefüger Kraft,
Doch von dem Wall der Schilde zurücke sprang der
Speer;
Der dritte Wurf erreichte die Fliehenden nicht mehr.

Da jauchzten wild die Recken im Fahrzeug auf der
Fluth,
Und wie ein Eber schäumte Herr Hagen, bleich vor
Wuth.
»Zu Schiffe!« rief er schnaubend, »die Segel aufge-
spannt!«
Und legte selber helfend an's Werk die starke Hand.

Sie rüsteten die Drachen, indess verging der Tag,
Und auf der See der Abend in grauem Mantel lag,
Es traten aus den Pforten die Sternlein silberlicht. –
Das Schiff der Hegelingen war längst schon ausser
Sicht.

Da ritt der König stöhnend zurück nach seinem
Schloss,
Die jammervolle Hilde der Thränen viel vergoss,
Es biss der wilde Hagen die Lippe bis aufs Blut.
Es war zu Fall gekommen sein hoher Uebermuth.

X.

Sturm

Horand zu der Harfe Spiel
Sang dem Schiffsgesinde,
Durch die Meerfluth zog der Kiel
Rüstig vor dem Winde.

Wate stand an Deckes Bord,
Schüttelnd das Haupt, das greise,
Hob die Hand und wies nach Nord,
Sprach zu Horand leise:

»Sieh die Wolke, die dort sich hebt
Dunkel, die Ränder heller;
Vogelschnell das Schifflein schwebt,
Doch der Sturm ist schneller.

Lustig ist's auf dem wilden Meer
Stöhnende Planken zu reiten,
Aber macht Schuld das Fahrzeug schwer,
Giebt es ein böses Streiten.«

Wate sprach's, und über die Fluth
Kam es herüber gepfiffen,
Wie die geschwungene Klinge thut,
Wenn sie schneidig geschliffen.

Das ist Sturm; den Ruf zum Tanz
Lässt er herüber gellen,

Und gekrönt mit Silberglanz
Springen die frohen Wellen.

»Refft die Segel, das Steuer gewandt!«
Scholl es aus Wates Munde,
»Haltet das Schiff zurück vom Land,
Oder es geht zu Grunde.«

Hui! Da kam der zweite Stoss,
Schwarz die Wolken sich ballten.
»Acht gegeben! Der Tanz geht los,
Fest das Steuer gehalten!«

Stille wieder, dann kommt's einher
Rasend und heulend gezogen,
Wilder und wilder wallt das Meer,
Hochauf spritzen die Wogen.

Hei, wie wacker das Schiff sich hält!
Halb auf der Seite liegt es,
Jetzt in die Wolken wird's aufgeschnellt,
Jetzt in den Abgrund fliegt es.

Fahlblau zuckt's durch die Wetternacht,
Prasselnde Donner erdröhnen,
Mast erzittert und Planke kracht,
Raaen knarren und stöhnen.

Fluth stürzt über die Borde wild,
Rinnt in die Räume hinunter.
»Schöpft, Gesellen, mit Helm und Schild
Oder das Schiff geht unter!

All' auf Deck, die Königsbraut
Tragt herauf, ihr Recken!
Besser dem Tod in's Aug geschaut,
Als sich scheu zu verstecken.«

Wild der Jungfrau Haarschmuck wallt,
Sturmfrost schüttelt die Glieder,
Und an Horand's Hochgestalt
Sinkt jung Hilde nieder.

Ihrem bleichen Mund entquillt
Klage nicht und Jammern;
Fest das schöne Heldenbild
Ihre Hände umklammern.

Wilder zuckt der Blitze Schein,
Regen kommt niedergeschossen,
Knatternd und prasselnd schlagen drein
Eisige Hagelschlossen.

Wie die Eiche, vom Sturm umweht,
Mit gehobenem Schilde
Schützend und schirmend Horand steht
Ueber der bebenden Hilde.

Wate leise zu Horand spricht:
»Weh', es wird gerochen,
Dass wir des Gastrechts heilige Pflicht
Freventlich haben gebrochen.

Asgards schützende Götter all
Haben uns preisgegeben;
Ran und Oegir im Wogenschwall
Spielen mit unserem Leben.

Lasst uns der Wellenbeherrscher Zorn
Trachten mit Gold tu versöhnen!«
Sprach's, und laut wie ein Büffelhorn
Liess er den Ruf ertönen:

»Was an Gold im Raume ruht,
Tragt es herauf in den Schilden,
Streut es der Ran in die zischende Fluth,
Opfert's dem Oegir, dem wilden!«

Und sie schleppten herbei sogleich
Blinkende Goldeshaufen;
Für den Hort ein Königreich
Hätte man können kaufen.

Kette, Ring und Spange rollt
Ueber den Bord des Drachen,
Und es schlingt das gelbe Gold
Gierig des Abgrunds Rachen.

Sieh, da legt sich des Sturms Gewalt,
Und es schweigt das Wetter,
Fern und ferner der Donner hallt,
Und die See wird glätter.

Und begrüsst mit heiss'rem Schrei'n
Von dem Mövenvolke
Bricht der Sonne gelber Schein
Sieghaft durch die Wolke.

Sichtbar ward ein Inselland
Durch des Nebels Lücke,
Siebenfarbig darüber stand
Bifrost, die Himmelsbrücke.

Drachenschiffe, wohl dreissig und mehr
Ankerten an der Lände,
Und am Ufer weit umher
Rauchten Feuerbrände.

»Freunde nah!« so jauchzten wild
Auf die Hegelingen,
Laut erklang auf dem Buckelschild
Dröhnen geschwungener Klingen.

Wate rief, der starke Held:
»Lasst das Banner steigen!
Springender Leu im rothen Feld
Soll sich den Freunden zeigen.«

Und zu Hilde Horand spricht.
»Herrin, lass die Sorgen!
Eh' verglimmt das Tageslicht,
Bist du wohl geborgen.«

Hilde zärtlich auf Horand blickt,
Und sie hält sich nicht länger;
Mit den Armen sie fest umstrickt
Lachend und weinend den Sänger.

»Wohl mir, dass mich nicht die Fluth
Durfte hinunterschlingen,
Eh' ich an deiner Brust geruht,
König der Hegelingen!«

Horand steht vor Schrecken bleich,
Staunend die Maid betrachtet.
»Angst, o Herrin tugendreich,
Hat dir den Sinn umnachtet.

Meines Königs treuer Mann,
Horand bin ich, der Degen;
Dem, für den ich dich gewann,
Führen wir dich entgegen.

Auf dem Eiland dort im Meer,
Wo die Klippen starren,
Lagert Hettel mit seinem Heer
Seiner Braut zu harren.«

Jammernd die Königstochter rief:
»Weh', ich bin betrogen!
Läg' ich doch gebettet tief
Unter den Meereswogen!«

Auf den Busen sank ihr Kinn,
Kraftlos hingen die Arme,
Blass und leblos sank sie hin,
Uebermannt vom Harme.

Als der Abendsonne Brand
Roth im Westen lohte,
Trugen sie die Braut an's Land,
Bleich wie eine Todte.

XI.

Die Rache

Nebel, dichter, grauer Nebel
Lagert über Meer und Insel
Kalt und feucht. Als matter Lichtfleck,
Röthlichtrüb erscheint die Sonne.
Luft und Wasser sind verschwommen,
Und am Strand die Drachenschiffe
Schwanken hin und her wie Schatten
Auf den grauen Nebeltüchern.
Einem Schatten gleicht die Burg auch,
Die gefügt aus ries'gen Blöcken
Ueberragt das Felseneiland.
Einst das Raubnest wilder Finnen
War die Burg, gefüllt mit Schätzen,
Bis der Hegelingen König
Sie vertrieb aus ihrem Horste.
Wie vom Frass gescheuchte Geier
Wichen sie in ihre Wildniss.

Jetzt gebot der König Hettel
Auf der Insel, seiner Marken
Nördlichsten. Der Degen Morung
Sass als Vogt mit wenig Leuten
Auf der Burg. Den armen Fischern,
Die am Strande friedlich wohnten,
Sprach er Recht und war ihr Schirmherr.
Doch noch besser als die Steinburg
Und Herr Morung mit den Seinen

Schützte das im Meer verlorne
Eiland eine Zackenkrone
Fluthzernagter Uferklippen.

Kam einmal ein Gast zur Insel,
War es ein vom Sturm verschlagner
Schiffer oder auch ein Krämer,
Welcher seine Herrlichkeiten
Gegen trockne Fische tauschte
Und die Haut des plumpen Seehunds.
Andre Fremde sah das Eiland
Selten, aber jetzt seit Wochen
War die Burg mit edlen Gästen
Wohl besetzt, und vor der Lände
Lagen schwarze Drachenschiffe.

Als der liebeskranke König
Aus dem Hegelingenlande
Aufbrach mit dem Heergefolge
Um des wilden Hagens Tochter,
Hilde, listig zu gewinnen,
Liess er an dem Klippenstrande
Anker werfen. Seine Recken
Horand und den starken Wate,
Die das Abenteuer kühnlich
Zu bestehen sich unterwunden,
Sandte mit erlernen Degen
Hettel auf dem Wunderschifflein
Nach dem Land des Königs Hagen.
Doch er selber blieb dahinten
Bei den Schiffen, hoffend, harrend
Und bereit, wenn seine Boten
Etwa Unheil treffen sollte,
Rettung bringend beizuspringen
Oder ihren Tod zu rächen.
Glücklich war der Raub gelungen,
Glücklich mit der weissen Taube
War das Adlerpaar, von Sturmnoth
Hart bedrängt, im Felsenhorste

Angelangt. Nun hemmte Nebel
Auf der See der Helden Heimfahrt.

Längs der Lände, wo die Schiffe
Lagen an den Ankertauen,
Standen stahlbewehrte Wachen
Frierend bei den ausgebrannten
Lagerfeuern, die zu löschen
Wate weislich angeordnet,
Dass nicht Rauch und rothes Glimmen
Ihren Ankerplatz verrathe,
Denn des Königs Hagen Schiffe,
Mussten längst schon auf der Fahrt sein.

An dem Strand, der Wächter Vorsicht
Prüfend, schritten drei Gestalten,
Hoch von Wuchs. Der alte Wate
War der eine, Degen Horand
War der andre, und der dritte
Trug den Schmuck des rothen Mantels
Ueber seinem Streitgewande
Und den Goldreif um den Stahlhelm.
Hettel war's der hochgemuthe,
Reiche Hegelingenkönig.

Wie der Nebel auf dem Meere
Lag des Missmuths trübe Wolke
Auf der Stirn der Hegelingen,
Und zumal der König blickte
Finster drein, und grollend sprach er.
»Hätt' ich doch den Nordlandsänger,
Der zuerst von Hagens Tochter,
Von der liliengleichen Hilde
Mir das Zauberlied gesungen,
Das die Sinne mir bestrickt hat,
Hätt' ich ihn doch nie vernommen,
Meiner besten Helden Leben
Wagt' ich; meines Goldhorts Hälfte
Ist geopfert; wohlgelungen

Ist die List, die klug erdachte.
Und nun sitzt die junge Hilde
Bleich und weinend, händeringend
Bei den Mägden in der Kammer,
Und des Hegelingenkönigs
Werbung will sie nicht erhören,
Seine Liebe nicht erwidern.
Meiner Schätze andre Hälfte,
Meine Länder, meine Burgen
Und das Blut aus meinen Adern
Möcht' ich um ein einzig Lächeln
Ihres rothen Mündleins geben.
Doch sie wendet ihre Blicke
Von dem König, und den Harfner
Sucht ihr rothgeweintes Auge.
Blinder Thor, der ich den schönen
Weiberliebling Horand sandte!«

Hettel sprach's, doch augenblicklich
Reuten ihn die harten Worte,
Als er sah, wie Horand traurig
Seine Stirne senkte. Gütlich
Sprach er zu dem Schwergekränkten:
»Ach, vergieb dem Liebeswunden,
Wenn er schmäht die treusten Freunde.
Ungerecht und ungeduldig
Ist der Kranke, und die Hände,
Die ihn warten, stösst er von sich.«
Sprach's und fasste Horands Rechte,
Die der Sänger zögernd darbot.

Weiter am Gestade schritten
Hettel und der greise Wate,
Aber nach der Insel Südrand
Ging der Sänger. Jäh und schüssig
Fiel das Ufer dort in's Meer ab,
Und gereihte Klippenzacken
Starrten aus der wilden Salzfluth
Wie die Zähne eines Drachen.

Heute aber barg die Felsen
Grauer Nebel, nur die Brandung,
Die am Uferlande brausend
Scholl, verrieth die Felsenriffe.

An dem Strand auf einem Felsblock
Sass der Degen Horand nieder,
Und sein blaues Auge starrte
In des Nebels graue Wolken.
Seinem Geist vorüber zogen
Schöne Bilder. Wieder stand er,
In den Händen seine Harfe,
Vor des wilden Hagen Hochsitz,
Und der Königstochter Auge
Strahlte Seligkeit und Liebe.
Dann im Gärtlein unter Rosen
Stand er wiederum und hörte
Hildens süsse Silberstimme,
Wie sie neckisch nach dem König
Hettel den Verkannten fragte.
Und zuletzt des Sturms gedacht' er,
Da sie ihre zarten Glieder
Zitternd an die seinen schmiegte.
Wieder fühlte von den weichen
Armen er den Hals umschlungen
Und vernahm das Liebesstammeln
Und den jammervollen Aufschrei
Des getäuschten Königskindes.
Hörst du Horand, was die Wellen,
Die zu deinen Füssen brausend
Um die Felsen branden, singen?
»Nimm in deinen Arm jung Hilde!
Du gewannst sie, dir gehört sie.
Flieht bei Nacht auf schnellem Fahrzeug.
Sicher wollen wir euch tragen
Fort gen Mittag, wo sich ewig
Ueber schönen, reichen Ländern
Spannt des Himmels blaues Zelttuch.
Keines Rächers Arm erreicht dich;

Vor des Lebens wilden Stürmen
Ruhst du sicher und geborgen
Und von deiner Trauten Lippen
Trinkst du Seligkeit allstündlich.«

Also liess des Meeres Woge
Ihr verlockend Lied ertönen.
Aber Horand rasch erhob sich,
Und die finstre Wolke strich er
Von der Stirn. In seine Harfe
Griff er, und den Sang der Woge
Ueberscholl der Saiten Rauschen.
Mählig zogen Ruh' und Frieden
Wieder in die Brust des Sängers,
Und die Wellen seines Blutes
Wallten nicht mehr wild wie Sturmfluth.
Da auf einmal durch den Nebel
Brach es hell wie Sonnenleuchten,
Aber nicht die Sonne war es. –
Wie ein Vorhang weicht zur Seite,
Thaten sich die Nebeltücher
Auseinander, und am Himmel
Sah des Helden staunend Auge
Eine hohe Burg, von goldnen
Schilden strahlend, und der Brücke
Bifrost hochgewölbter Bogen
Spannte sich zur Erde nieder.
Sprachlos stand der Held. Da dröhnten
Donnergleich der Schildburg Thore,
Und auf silberweissen Rossen
Ritten drei behelmte Jungfrau'n
Niederwärts. Die goldnen Brünnen
Glänzten hell wie Sonnenschimmer,
Und die weissen Hände winkten.
In Verzückung stand der Sänger,
Und ein Schauer überkam ihn.
Wer des Schlachtengottes Maide,
Die Walküren schaut, muss sterben.

Als er seine Augen wieder
Aufwärts lenkte, war verschwunden
Burg und Brücke, grauer Nebel
Hüllte Himmel, Land und Meerfluth.
Kurse Zeit nur stand der Sänger
Mit gesenktem Haupt, dann warf er
In den Nacken seine Locken,
Seine Augen blickten wieder
Adlerhell, und lichte Röthe
Färbte Wangen ihm und Stirne.
In die Saiten griff er mächtig,
Und sein Mund sang siegesfroh:

Walküren sah ich reiten
Und Asgard offen steh'n.
Es geht an's letzte Streiten;
Allvater soll ich seh'n.
Die Götter meiner warten
Und Wodens Heldenheer.
Fahrwohl du Erdengarten
Und du, mein blaues Meer!

Ich schau' dich nimmer wieder,
Mein Hof am stillen Sund,
Wo mich die ersten Lieder
Gelehrt der Mutter Mund;
Wo mir, gehöhlt aus Rinde,
Das erste Schifflein floss
Und wo ich von der Linde
Den ersten Vogel schoss.

Fahrt wohl, ihr schnellen Degen
In König Hettels Bann;
Nehmt wohlgemuth entgegen,
Was euch die Norne spann.
Fahr' wohl, mein Heergeselle
Und klage nicht zu sehr. –
Der Mensch ist eine Welle,
Und tausend zählt das Meer!

Du süsse Augenweide,
Du junge Rose roth!
Ich that dir viel zu Leide,
Nun geh' ich in den Tod.
Mein Spiel ertönt nicht länger,
Mein Lied verhallt im Wind. –
Vergiss den armen Sänger,
Du schönes Königskind!

Dahinten die Erde, Walhalla vorn,
Die Götterbrücke inmitten –
Lass schallen, Riger, dein goldnes Horn!
Es kommt ein Held geritten.

Es donnert die Brücke, es tönt das Thor,
Es grüssen mich Asgards Söhne,
Mit Bragi schreitet lächelnd hervor
Idun, die ewigschöne.

Sie bieten mir Aepfel, sie bieten mir Meth,
Sie leiten meine Schritte
Dahin, wo Wodens Hochsitz steht
In seiner Helden Mitte.

Es wird mir der Brünne schwere Last,
Der Helm herunter genommen;
Allvater winkt, den Erdengast
Einherier heissen willkommen.

Schildmaide reichen mir Salz und Brot
Und schenken mir Saft der Reben. –
Willkommen herrlicher Schlachtentod!
Fahrwohl du freudiges Leben!

Horand sang's, dann band er fester
Seinen Helm und lenkte wieder
Seine Schritte nach der Seebucht.
Warnen wollt' er König Hettel
Und das Heer der Hegelingen,
Denn er glaubte nah den Kampf schon,
Den das Wolkenbild gedeutet.
Längs der Küste schritt er weiter
Langsam nur, denn immer dichter
Quoll vom Meer herauf der Nebel
Und verhüllte die Umgebung
Also, dass er nur mit Vorsicht
Ueber das mit Felsenblöcken
Und mit Büschen reich bedeckte
Inselufer wandeln konnte.

Wie er so mit Hindernissen
Kämpfend am Gestade hinschritt,
Sah er durch den Nebel kommen
Eine kleine Schaar von Männern,
Unerkennbar, wenn auch nah schon,
Wächter wohl, die um das Eiland,
Wie es Wate anbefohlen,
Spähend ihren Rundgang machten,
Und es schritt der Degen näher.

Wie im grünen Wald ein Waidmann,
Der des Rehbocks Fährte folgend
Auseinander schlägt die Büsche
Und statt des gehofften Wildes
Einen grimmen Bären antrifft.
Also fuhr zurück der Sänger,

Denn auf eines Armes Länge
Sah er vor sich König Hagen.

Einen Satz zurück that Horand.
Nicht den Schwertgriff, nein das Schlachthorn,
Das an einer reichen Borte
Um den Hals ihm hing, ergriff er,
Hob es an den Mund, und weithin
Hallte durch die Luft der Nothruf.
Dann erst fuhr des treuen Helden
Rechte nach der guten Klinge,
Doch zu spät. – Mit gellem Kampfschrei
Sprang ihn an der wilde Hagen.
Durch den Nebel fuhr ein Leuchten
Wie ein Blitzstrahl. Schwirrend sauste
Nieder das verhängnissvolle
Gastgeschenk des alten Wate.
Stumm zu Boden sank der Sänger
Mit zerspälltem Helm und Haupte,
Nacht umzog die Adleraugen,
Und es trugen ihn Walküren
Aufwärts zu Allvaters Lichtsaal.

»Blast das Heerhorn, lasst das Banner
Fliegen!« rief der wilde Hagen
Seinen Recken zu, die eilig
An den Felsen aufwärts klommen,
»Einer von den Räubern tränkt schon
Grund und Gras mit seinem Herzblut,
Auf die andern jetzt!« – Da wallte
Blutigroth des Königs Banner,
Das den goldnen Greifen zeigte.
Laut zum Streite rief das Heerhorn,
Und mit wildem Kampfruf stürmte
Hagens Reckenschaar landeinwärts.

XII.

Der Kampf

Am Strande bei den Schiffen der alte Wate stand
Und neben ihm der König von Hegelingenland.
Da kam ein Hornstoss gellend geflogen durch den
Wind. –
»Herbei, ihr guten Recken, herbei! Der Kampf beginnt.

Im Nebel ist gekommen Herr Hagen über's Meer,
Das Eiland ist erstiegen, es naht sein reis'ges Heer.
Drum bindet fest die Helme und ordnet euch in Reih'n;
Der stolze Nordlandkönig will gut empfangen sein.«

Herr Wate rief's, da fasste die Degen Grimm und Zorn,
Schon schnaubte nah und näher der Feinde Schlach-
tenhorn.
Da hoben sie die Schilde, und mit gesenktem Speer
Zog gegen Hagens Recken das Hegelingenheer.

Es schritt mit Wate Hettel voran dem reis'gen Zug,
Der Insel Vogt, Herr Morung, des Königs Banner trug,
In purpurroter Seide der goldne Leue sprang. –
Hei, wie so bald er kräftig mit Hagens Greife rang!

Rings um die Zwingburg zog sich ein grünes Haide-
land;
Dort nahm, das Schloss im Rücken, Herr Wate seinen
Stand.

Es schaute von der Zinne hinunter bleich und bang
Die junge Königstochter, die stumm die Hände rang.

Der Feinde Kampfruf hallte; es schlug in Hettels Reih'n
Der dichte Schwarm der Pfeile wie Hagelschauer ein,
Doch von der Degen Schilden und ihrem Streitgewand
Mit stumpfen Spitzen sanken sie kraftlos auf den Sand.

Da dachte König Hettel zu schlichten noch den Streit
Und rief: »Ich bin zur Sühne, Herr Hagen, dir bereit.
Dein Kind, die junge Hilde ist mir so lieb und werth;
Ich biete dir, was immer dein Herz von mir begehrt.«

Als Antwort König Hagen den Speer herüber warf,
Und Hettels Schild zerspällte das Eisen grimmig scharf;
Das Streitgewand durchschnitt es und ritzte Hettels
Haut. –
So ungefügen Speerwurf hat keiner noch geschaut.

Da ward nicht mehr gesprochen, der wilde Kampf be-
gann,
Auf grüner Haide stritten die Kön'ge und ihr Bann,
Aus harten Helmen stoben die Funken in den Wind,
Die Augen schloss für immer manch einer Mutter Kind.

Wohl waren Hagens Degen erprobt in Sturm und
Streit,
Doch Hettels Mannen wichen nicht einen Finger breit.
Herr Wate stand im Sturme, wie wenn im Felde steht
Ein Schnitter mit der Sense, der reife Halme mäht.

Da rief der wilde Hagen: »Hei käme mir einmal
Vor's Schwert der greise Schächer, der meine Tochter
stahl!
Er hat soviel des Leides dem Gastfreund angethan,
Drum hält die Scham ihn ferne; er wagt sich nicht her-
an.«

Herr Wate hat's vernommen, der Spott ihn schwer ver-
dross,
Das Blut dem alten Helden in Wang' und Stirne schoss.
Die ihm im Wege standen, die sanken in den Tod
Wie Rüden, die im Walde den Auerstier bedroht.

Es hoben beide Recken alsbald ein Streiten an,
Wie sie vor wenig Tagen im Königssaal gethan.
Dort war's ein lustig Fechten, und keiner ward ver-
sehrt,
Heut war, wie oft im Leben, das Spiel in Ernst verkehrt.

Der Stärkere war Wate, allein der Nagelring,
Den König Hagen schwenkte, war ein gefährlich Ding.
Drum hielt er hoch den Schildrand, den seine Linke
trug,
Indess die Schwerthand selten nur einen Kunsthieb
schlug.

Dann liess die Waffe plötzlich er gleiten in den Sand
Und fing mit sichrem Griffe den König bei der Hand,
Er riss ihm aus der Rechten das Heft der Klinge jach
Und warf das Schwert bei Seite. – Das thät ihm keiner
nach.

Doch war noch nicht bezwungen des Königs Kampfes-
lust;
Er schlang behend die Arme um Wates breite Brust;
Sie rangen mit einander von Qualm und Staub um-
dampft,
Es ward von ihren Füssen der Boden rings zerstampft.

Doch schneller, immer schneller des Königs Athem
ging,
Es quoll ihm aus den Höhlen der Augen weisser Ring,
Das wilde Blut zu Häupten ihm roth wie Scharlach
stieg,
Er wankte, und es neigte zu Wate sich der Sieg.

Da brach aus Hettels Haufen ein Schreckensruf hervor,
Er hallte durch die Reihen und schlug an Wate's Ohr:
»O wehe dieses Leides, o wehe dieser Noth!
Held Horand liegt erschlagen in seinem Blute roth.«

Aufstöhnte laut der Alte, und seine Farbe blich,
Schwarz ward's ihm vor den Augen, die Kraft der
Glieder wich,
Und wie im Wald die Föhre, von einer Axt gefällt,
Zu Boden stürzte dröhnend der riesenhafte Held.

Der wilde Hagen stemmte ihm auf die Brust das Knie,
Er griff ihm nach der Kehle mit nerv'ger Faust und
schrie:
»Der Bänkelsänger harfnet bereits in Helas Reich;
Jetzt schieß ich auch den Andern hinunter kalt und
bleich!"

Er strebte zu erfassen die Waffe, die im Streit
Der Gegner ihm entrissen; sie lag nicht allzuweit.
Jetzt hielt er in der Rechten den scharfen Nagelring;
An einem schwachen Faden des Alten Leben hing.

Zum Glück ersah Herr Hettel des Freundes Todesnoth,
Er kam herangeflogen, wie ihm die Pflicht gebot;
Er schlug dem wilden Hagen so wucht'gen Schwertes-
schlag,
Dass ihm der starke Recke betäubt zu Füssen lag.

Und grimmig rief der König: »Zur Helfahrt sei bereit!
Das Blut des Helden Horand zu laut um Rache schreit
Du sollst es mir entgelten, dass deine Hand erschlug
Den allerbesten Degen, der jemals Waffen trug!«

Das Schwert der Hocherzürnte zum Todesstreiche
schwang,
Als gellend durch die Lüfte ein Jammerruf erklang.
Es brach durch's Kampfgetümmel ein Weib sich Bahn

geschwind,
Und auf den Vater warf sich das blasse Königskind.

Laut rief die Jammerreiche: »Halt' ein, o Held, halt' ein
Und schenke Leib und Leben dem lieben Vater mein,
Und willst du ihn nicht schonen, so gieb auch mir den
Tod,
So wäre schnell zu Ende der armen Hilde Noth.«

Da senkte König Hettel das hochgeschwung'ne Schwert
Und sprach mit sanfter Stimme: »Die Bitte sei ge-
währt.«
Er löste dem Gefällten behend des Helmes Band
Und half ihm auf die Füsse und bot ihm seine Hand.

Der überwundne Hagen zur Sühne war bereit.
Erfasste Hettels Rechte; zu Ende war der Streit.
Dann hiess man Frieden blasen, und nach der Herrn
Gebot
Vertrugen sich die Degen. – Wer todt war, der war todt.

Da nahm der wilde Hagen die Tochter bei der Hand
Und gab sein Kind dem König von Hegelingenland
Und sprach: »Die junge Hilde, du starker Held, ist dein.
Ich hab' es selbst erfahren, du kannst ihr Hüter sein.«

Indess der alte Wate schritt suchend nach dem Strand,
Bis dass er auf dem Sande den todten Sänger fand.
Er strich die blutigen Locken von seiner Stirne weiss,
Und auf des Todten Antlitz fiel eine Thräne heiss.

Er trug ihn auf den Armen zu seinem Zelt am Meer,
Da hob sich lautes Klagen im Hegelingenheer.
Es barg die junge Hilde in ihre Kammer sich
Und rang die weissen Hände und weinte bitterlich.

XIII.

Des Königs Hochzeitsfackel

Die See war klar, die Luft war rein,
Es war zur Abendstunde,
Es blinkte zitternd im Sternenschein
Die Bucht in weiter Runde.
Der Hegelingen Schiffe bereit
Zur Fahrt am Ufer lagen,
An Hettels Kiele friedlich gereiht
Die Drachen des wilden Hagen.

Und droben auf dem Inselschloss
Da regen sich tausend Hände,
Da zechen die Herren, da zecht der Tross,
Da lodern der Fackeln Brände,
Die Halle schimmert in goldner Pracht.
Die Hörner und Harfen klingen.
Die Helden rüsten die Hochzeitsnacht
Dem König der Hegelingen.

Herr Wate trägt kein Festgewand,
Er flieht die Hallen, die lichten;
Er will ein ander Werk am Strand
In stiller Nacht verrichten.
Das unheilvolle Schiff im Sund
Besteigt der greise Recke.
Dort ruht mit stummem Liedermund
Jung Horand auf dem Decke.

Auf seinem Schilde lag der Held,
Das Haupt er seitwärts neigte;
Den springenden Leu im rothen Feld
Das seidene Bahrtuch zeigte,
Am Bugspriet Horands Harfe hing,
Darüber die Winde spielten,
Und bei dem todten Hegeling
Zwölf Degen Wache hielten.

Herr Wate zog mit starker Hand
Das Segel auf am Mastbaum,
Dann warf er einen Feuerbrand
Hinunter in den Lastraum.
»Nun weicht ihr Männer allzumal
Und lasst das Schiff den Winden!
Fahrwohl, bis wir in Wodens Saal
Uns droben wiederfinden!«

Da kam vom Schloss ein stolzer Zug
Und lenkte hin zum Strande.
Jung Hilde die goldne Krone trug
Und bräutliche Gewande.
»Lasst mich, ihr Hegelingen, nicht
Vergebens zu euch flehen,
Gönnt mir, des Sängers Angesicht
Ein letztes Mal zu sehen.«

Sie schied sich von dem Ingesind,
Die Helden wichen zurücke.
Es schritt das schöne Königskind
Rasch über die schwankende Brücke.
Sie warf sich nieder an der Bahr',
Sie hob das Haupt der Leiche
Und küsste dem Todten das blutige Haar,
Und seine Stirn, die bleiche.

Ein Staunen ging durch das Volk am Strand
Es raunten die Heergesellen.
Da drehte sich das Schiff vom Land

Und hob sich auf den Wellen.
Jung Hilde stand am hohen Mast,
Ihr Haar im Nachtwind wallte,
Sie hielt des Todten Schwert umfasst,
Und ihre Stimme hallte:

»Verloren ist die Königsbraut,
Umsonst des Königs Werben;
Dem Todten hab' ich mich angetraut,
Und süss ist mir das Sterben!«
Sie schwang den Stahl in weisser Hand,
Durchstochen brach sie zusammen.
Da zuckten aus der geborstnen Wand
Des Schiffs die gierigen Flammen.

Wildbrausend zog der Wind einher,
Er schürte das Todtenfeuer
Und trieb hinaus in das offne Meer
Das Fahrzeug ohne Steuer.
Ein glühender Streif war seine Bahn;
Von kreischenden Möven umflogen
Durchschnitt es wie ein feuriger Schwan
Schnell gleitend des Meeres Wogen.

Und schneller und schneller durch die Fluth
Das leuchtende Wunder rannte.
Hei, wie der Hochzeitsfackel Gluth
Dem König Hettel brannte!
Den hohen Mast umringelten schon
Die rothen, züngelnden Schlangen;
An Horands Harfe mit klagendem Ton
Die goldnen Saiten zersprangen.

Über tredition

Eigenes Buch veröffentlichen

tredition wurde 2006 in Hamburg gegründet und hat seither mehrere tausend Buchtitel veröffentlicht. Autoren veröffentlichen in wenigen leichten Schritten gedruckte Bücher, e-Books und audio-Books. tredition hat das Ziel, die beste und fairste Veröffentlichungsmöglichkeit für Autoren zu bieten.

tredition wurde mit der Erkenntnis gegründet, dass nur etwa jedes 200. bei Verlagen eingereichte Manuskript veröffentlicht wird. Dabei hat jedes Buch seinen Markt, also seine Leser. tredition sorgt dafür, dass für jedes Buch die Leserschaft auch erreicht wird.

Im einzigartigen Literatur-Netzwerk von tredition bieten zahlreiche Literatur-Partner (das sind Lektoren, Übersetzer, Hörbuchsprecher und Illustratoren) ihre Dienstleistung an, um Manuskripte zu verbessern oder die Vielfalt zu erhöhen. Autoren vereinbaren direkt mit den Literatur-Partnern die Konditionen ihrer Zusammenarbeit und partizipieren gemeinsam am Erfolg des Buches.

Das gesamte Verlagsprogramm von tredition ist bei allen stationären Buchhandlungen und Online-Buchhändlern wie z. B. Amazon erhältlich. e-Books stehen bei den führenden Online-Portalen (z. B. iBookstore von Apple oder Kindle von Amazon) zum Verkauf.

Einfach leicht ein Buch veröffentlichen: **www.tredition.de**

Eigene Buchreihe oder eigenen Verlag gründen

Seit 2009 bietet tredition sein Verlagskonzept auch als sogenanntes "White-Label" an. Das bedeutet, dass andere Unternehmen, Institutionen und Personen risikofrei und unkompliziert selbst zum Herausgeber von Büchern und Buchreihen unter eigener Marke werden können. tredition übernimmt dabei das komplette Herstellungs- und Distributionsrisiko.

Zahlreiche Zeitschriften-, Zeitungs- und Buchverlage, Universitäten, Forschungseinrichtungen u.v.m. nutzen diese Dienstleistung von tredition, um unter eigener Marke ohne Risiko Bücher zu verlegen.

Alle Informationen im Internet: **www.tredition.de/fuer-verlage**

tredition wurde mit mehreren Innovationspreisen ausgezeichnet, u. a. mit dem Webfuture Award und dem Innovationspreis der Buch Digitale.

tredition ist Mitglied im Börsenverein des Deutschen Buchhandels.

Dieses Werk elektronisch lesen

Dieses Werk ist Teil der Gutenberg-DE Edition DVD. Diese enthält das komplette Archiv des Projekt Gutenberg-DE. Die DVD ist im Internet erhältlich auf **http://gutenbergshop.abc.de**